Guillaume Dubufe

Art et Métier

Essai

ISBN : 978-1723510052

10 9 8 7 6 5 4 3 2 1

Guillaume Dubufe

Art et Métier

Essai

Table de Matières

I. L'IDÉAL ET L'AVENIR DE L'ART

On a beaucoup écrit sur l'art… même et surtout ceux qui n'y entendent rien. Si j'ose m'en mêler à mon tour, c'est seulement, — une fois n'est pas coutume, — pour le faire *en artiste*, j'entends en homme du métier, qui a mis la main à la pâte, comme on dit à l'atelier, et, n'eût-il fait qu'entrevoir en son sincère labeur la lointaine beauté des choses, qui sait du moins ce dont il parle et parle de ce qui le regarde. Nous autres artistes, nous comprenons mal en effet que des indiscrets, nous disons volontiers des profanes, se permettent de juger à tout propos des vérités les plus hautes de notre art, et nous aurions souvent envie de nous fâcher de l'air qu'ils se donnent de vouloir nous diriger, si nous n'aimions mieux sourire de la prétention qu'ils ont de connaître, sans les avoir jamais apprises, les choses les plus techniques de notre métier. Orgueil si l'on veut, mais de cet orgueil est fuite la confiance, ou la conscience de l'artiste, et sa dignité.

C'est que l'art, pour toute âme haute ou seulement sincère, est avant tout, est toujours un acte de foi. Aimer et croire, n'est-ce pas la raison profonde de penser et d'agir ? Le Beau, je le crois fermement, est une communion où viennent les plus libres esprits ; et tout artiste, si indépendantes que soient sa pensée et son action, est toujours, dans une certaine mesure, solidaire de tous les artistes. Il y a vraiment une religion de l'art, et il n'y a pas d'art sans une religion de l'esprit, qui est l'idéal. Pour nous qui le servons et qu'un même amour unit sous la diversité des âmes, notre joie nous suffit, ou noire peine, à toujours chercher, à désirer toujours. Le travail, cette rédemption de chaque jour, est notre santé intellectuelle, et au fond peut-être notre meilleure récompense.

Souvent nous nous plaisons à deviser de ces choses, entre amis, dans l'atelier tiède encore du labeur de la journée, à cette heure indécise où la nuit qui descend efface doucement devant nos yeux l'ouvrage commencé, et prolonge en rêveries plus hautes l'effort toujours imparfait. Il nous semble alors qu'un pouvoir mystérieux, qu'une singulière vertu, invisible et présente sous les formes, sous les couleurs, sous les sons, relie en une symbolique fraternité toutes nos tentatives dissemblables, comme le Feu, symbole de l'Esprit, unit entre eux tous les métiers, transforme et féconde la matière entre les doigts de l'ouvrier, verse la lumière et la chaleur sur le travail sacré. Nous aimons à songer que ce feu spirituel et l'*autre* ne sont peut-être qu'une seule et même manifestation de la force supérieure ; ici, vivifiant la créature, là, expliquant la création, comme la foi vivifie l'amour, comme la prière explique Dieu. N'est-ce qu'un songe ?… Non, sans doute ! Une loi certaine, inconnue, préside aux évolutions du Beau, comme aux mouvements des corps ces lois physiques que la science a déjà pu reconnaître et définir. Une force cachée, pardessus nos volontés, dirige vers un même but tous ces rêves épars, tous ces appels à la Beauté, tous ces instinctifs besoins du Vrai. Une merveilleuse puissance d'aimer survit à tous les abaissements. C'est l'art vainqueur : *Ars ruinæ superstes* !

I

L'art n'est en effet qu'une forme de l'amour : ainsi doit-on nommer d'un mot unique, d'un mot souverain, cette force sacrée, en qui se définit le triomphe du Bien sous l'apparence du Beau. Si la Nature seule, dans le mouvement universel, apparaît immortelle et féconde, sans la parole de cet être mortel, l'homme, qui la nomme, sans la tendresse de cette âme passante qui la juge, que vaudrait cette immortalité ? Tout s'épanouit et se renouvelle sous le soleil de vie. Ce n'est peut-être qu'un admirable spectacle, mais dont la meilleure gloire est encore le témoignage du plus humble spectateur. Pour l'artiste le monde n'est qu'un divin paysage où l'être, frère des arbres et du ciel, passe en chantant ou en pleurant ! Atmosphère des sens ou atmosphère des idées, c'est toujours dans l'insaisissable espace que vivent pour lui les réalités ou que montent ses rêves. Il écoule, et les choses lui parlent ; il voit, et la vie prend pour lui un sens tout nouveau ; il aime, et son amour est utile, et son œuvre est bonne. Aimer, n'est-ce pas, dans l'ordre intellectuel comme dans l'ordre physique, créer après Dieu, comme Dieu, un être, une forme, un verbe ? C'est une loi inéluctable que tout doit, pour vivre, s'incarner à un certain moment dans une forme certaine. L'Idée n'y échappe pas plus que l'Être. Tout se réduit, en somme, à cette formule unique : dans la vie physique, pas d'être sans matière, pas d'âme sans l'enveloppe d'un corps ; dans la vie intellectuelle, pas d'idée sans l'enveloppe d'une forme ; ce que je traduirai : pas d'art sans métier. L'équilibre c'est toujours la loi de la vie et de la vérité, et par conséquent, de la Beauté. Si l'*Art*, en effet, n'est qu'une rare et supérieure puissance d'aimer, c'est-à-dire de connaître par l'amour la mystérieuse beauté des choses, et de refaire *en esprit*, même sous l'apparence des formes passagères, l'œuvre de la nature, le *Métier* est la précise faculté de transformer la matière au gré de cet esprit, le don, mis aux mains du tenace ouvrier, de traduire en formes pures les sensations et les rêves de l'artiste. Il ne faut à aucun prix dissocier ces deux forces, sous peine d'immobilité intellectuelle et par conséquent de néant. L'émotion est indépendante de l'effort et antérieure à l'effort ; mais en dehors de cette culture obstinée, qui est le travail, elle est informulée et morte. En revanche, où l'émotion manque, où l'idée est absente, le plus beau métier du monde ne saurait galvaniser ce cadavre, l'œuvre sans foi. Je crois qu'ainsi entendus ces deux termes d'art et de métier, en apparence opposés pour de bien superficiels esprits, apparaîtront comme liés dans une indivisible unité. Il n'y a pas d'œuvre sans cette union quasi sexuelle de l'*Esprit* et de la *Forme*. Et le chef-d'œuvre n'est que le résultat logique d'une proportion parfaite, harmonique, dans ce rapport de l'art au métier.

Qu'est-ce donc exactement que l'art ? Et qu'est-ce que le métier ? Je voudrais essayer ici de l'expliquer avec *nos* arguments *à nous*, avec ces preuves de sentiment en quelque sorte, tout intimes, presque intérieures, qu'on devine plus souvent qu'on ne les voit, dans tous les arts, dans tous les métiers. Ce serait, si j'y réussissais, faire comprendre au lecteur ami tout ce qu'il y a d'inconnu, — de méconnu, — dans *nos* arts ; et comme ils nous apparaissent tout *autres* que nous les entendons expliquer tous les jours ; et d'où ils viennent et où ils vont, puisque aussi bien tout le monde sait ou croit savoir ce qu'ils sont ! Mais cela, je le répète, comme il faudrait le dire, — en artiste, pour des artistes, — avec je ne sais quoi de filial et de passionné que nous ne retrouvons pas dans la bouche des autres, avec des mots incorrects peut-être, mais sensibles en quelque sorte, et trahissant l'ouvrier : je veux dire avec un certain sens plus délicat, plus amoureux, presque aussi différent que le serait un sixième sens, et qui n'appartient sans doute qu'à ceux qui ont pratiqué un art, et qui n'est pas dans les meilleurs écrits, — puisque j'ai osé dire le mot, — des profanes.

L'art, c'est donc bien, à l'origine et avant tout, une émotion, mais une émotion qui prend conscience d'elle-même. C'est encore, si l'on veut, de l'instinct en action, mais de l'instinct que tout notre effort comme toute notre noblesse consiste à *supérioriser* sans cesse. Les arts divers ne sont que les résultats apparents et différents de cet effort, l'ensemble des formes extérieures qu'anime l'intérieure flamme de certaines âmes privilégiées. Pour celles-là, c'est *intellectuellement* l'intense besoin de dire tout haut ce qui murmure en elles ; c'est *moralement* la supérieure nécessité de s'élever au-dessus des nécessités, et la mission d'en arracher les autres : quelque chose comme un invincible désir de monter, de respirer par-delà l'air étouffant des réalités. L'art, en ce sens, n'est qu'une ascension continuelle. Et les arts, architecture, sculpture, peinture, poésie ou musique, pour distincts qu'ils soient dans leurs applications, ne sont que les manifestations diverses d'un sentiment unique, d'une vérité pour ainsi dire centrale, parce que sans cesse ils tendent à une suprême unité d'idéal, qui est l'expression de la vie par des moyens dissemblables et de plus en plus simples. En ce sens, on peut bien dire que les arts ne sont que des formes plus rares de sentir, et les artistes des êtres spéciaux, de véritables *re-créateurs* de vie en formes, on couleurs, en sons, en idées.

Il me semble souvent, quand je tente d'embrasser de haut toute l'histoire de l'art, comme on contemple du haut d'une colline tout le pays qu'on aime, que, — du premier-né des arts, l'architecture, qui peut et qui doit les contenir tous, jusqu'au dernier venu, la musique, qui est comme l'efflorescence de tous les autres, le parfum délicieux, plus subtil et plus fugitif, qui se dégage, après la longue incubation des siècles, de la pensée humaine, — tout se suit et s'enchaîne, dans un ordre parfait, le long de la route des peuples, chacun ayant l'art qu'il lui fallait, chaque race produisant une forme artistique qui était l'exacte expression de sa vie matérielle et morale, le corollaire de ses croyances, presque la conséquence nécessaire de son climat. On a dit spirituellement qu'un peintre n'a jamais que la couleur qu'il mérite. On pourrait dire aussi justement des peuples qu'ils n'ont eu que l'art qu'ils méritaient, grand ou médiocre, à proportion de leur degré d'idéal, presque toujours à proportion de la beauté de leurs religions.

Il suffit, en vérité, de refaire par la pensée ce chemin des arts dans l'histoire, de considérer l'essence de chacune des formes d'art et son charme propre, pour être frappé de la ressemblance évidente entre leur cours depuis leurs origines jusqu'à leur décadence, et l'histoire d'une existence humaine. Sur les monuments, témoins des hommes, on voit des hauteurs d'idées, on lit des âges d'art, comme on lit les âges de la vie sur la figure de l'homme, comme on voit dans ses yeux son âme. Surtout on pourrait montrer, comparable à la mort certaine de tout organisme d'où se retire la chaleur centrale, la décadence fatale de tout art dont s'éloigne la foi. Oui, la Foi, une affirmative croyance en quelque chose d'au-delà, les dieux ou Dieu ! Qu'est-ce donc que les arts dans l'humaine histoire, sinon le vêtement merveilleux d'un ardent ou tendre besoin de croire ? Et quelle misérable chose, quelle dérision que la Beauté, si elle notait la forme du divin possible, du divin probable, du divin certain ! Mais déjà, dans la pensée de l'homme, le chemin des dieux à Dieu est fait. Le chemin des arts à l'Art se fait par la même nécessité de marcher, de monter. L'unité est évidemment le but humain. Dans quelle mesure l'unité artistique sera-t-elle la conclusion de l'art ? En quel sens l'unification scientifique ou l'égalisation sociale affaibliront-elles l'art, — peut-être jusqu'à le détruire ? Mais c'est là refaire, après tant d'autres et moins bien sans doute, de l'histoire de l'art en manière de philosophie, et de nouveau en littérateur et non plus en artiste… Je voudrais bien qu'on ne se méprît pas sur le sens que j'attache à l'antagonisme de ces deux mots.

On a écrit des choses exquises ou profondes à propos des arts plutôt que sur les arts, au nom de cette littérature qui est un art aussi, et le plus délicieux, mais seulement quand on ne s'en sert pas pour parler des arts. Mais on a parlé *à côté* — si souvent ! presque toujours ! — en quelque sorte hors du sens intime des arts, ou de ce que les artistes, à tort ou à raison, croient être la vie même de l'art. De fait, nous parlons une autre langue ; comment veut-on que nous nous entendions ? Nous donnons des « sensibilités ; » on nous répond et on nous juge avec des raisonnements ! En vérité, l'art ne saurait être jugé d'un point de vue que ne comportent ni son origine ni sa raison d'être. « La critique d'art, disait tout récemment encore M. F. Brunetière, commence au point précis où s'évanouissent les rapports entre l'art et la littérature. » Moi qui ne suis qu'un peintre, je dirais tout simplement : les littérateurs n'entendent pas grand'chose aux arts. Me pardonnera-t-on cette témérité ? Aussi bien, j'ai hâte de m'en expliquer : je sais tout ce que l'érudition des uns et l'ingénieuse pénétration des autres ont pu, à certaines époques, apporter de force et d'appui aux artistes, même leur ouvrir la voie, et préparer le terrain où allaient éclore les œuvres nouvelles. Aussi je ne conteste ni les droits réels, ni l'absolue liberté de la critique, mais son utilité finale au point de vue artiste. Je crains, en effet, qu'à force de mélanger et de confondre les idées, les écrivains n'aient rendu le plus mauvais service aux artistes en les éloignant de leur claire et simple besogne. Nous voudrions toujours qu'on sentit, qu'on vît notre émotion à travers notre métier, que l'on comprît notre âme dans notre œuvre, en deux mots qu'on ne jugeât nos idées, — les plus hautes et les plus intimes, — que dans la réalisation des formes ou sous le vêtement des couleurs et des sons. Inutile ambition ! Le public mesure notre talent à ses goûts, à ses sensations d'un jour, souvent au hasard du temps qu'il fait, d'un rendez-vous manqué ou satisfait, d'une bonne ou d'une mauvaise digestion. La critique est-elle plus équitable ? Là on nous juge d'après des théories ou des systèmes, quand ce n'est pas à la chance des camaraderies, et surtout, personne ne prend la peine de juger les œuvres indépendamment des hommes, ce qui serait pourtant de la plus simple équité. C'est peut-être à cause de cette insuffisance de pénétration que tant de jugements nous font sourire, même quand ils nous flattent, et que tant de critiques nous blessent, même en croyant nous conseiller. Ne pas être compris, c'est le plus grand chagrin ou le plus grand châtiment. Et s'il y a des artistes qui se plaisent à se faire incompréhensibles, combien de juges qui ne peuvent pas, ou qui ne veulent pas comprendre !

Faut-il en dire les raisons ? Il était jadis élémentaire de commencer par apprendre avant de faire quelque chose, ou même d'en parler. Mais nous avons changé tout cela ! Des théories bizarres et d'étranges discussions ont récemment paru obscurcir cette vérité. Il la faut remettre bravement en pleine lumière, et prier ou forcer nos nouveaux juges et nos jeunes confrères à s'incliner bien profondément devant elle. C'est une besogne difficile, presque imprudente, et je n'ai pas assurément la prétention d'y réussir. A tout le moins, les artistes, même s'ils trouvent à combattre, en lisant ces essais, des opinions ou des hypothèses, reconnaîtront-ils certaines idées pour être *de chez eux*. Il n'est pas jusqu'au tour de langage où l'on ne se reconnaisse, quand on est du même métier. J'ai toujours été très frappé de la différence de penser qu'il y a entre le monde des artistes et la foule de ceux qui nous jugent. C'est peut-être nous qui avons tort ? Je ne le crois pas. Mais, en tous cas, la divergence de vues est extraordinaire, presque l'impropriété de termes qui caractérisent les meilleurs ouvrages écrits sur les arts par des hommes qui n'étaient pas artistes pratiquants, ou ne l'avaient pas été, si peu que ce soit, un moment dans leur vie. Dans le monde, on ne s'étonne pas qu'il faille une éducation spéciale pour parler de mécanique ou d'agriculture ; mais, sans nulle préparation, sans le moindre dégrossissement d'intellect, tout le monde se croit le droit de parler peinture ou sculpture, ou musique. Pourquoi donc cette différence de traitement, et pourquoi cette absurdité ? On apprend à voir et à entendre, je pense, comme on apprend à bêcher. C'est seulement plus difficile...

Il y a, pour nous, plus de compréhension d'art, plus d'intuition de notre métier, plus d'idées et de mots justes, même lorsqu'ils aboutissent à une opinion contraire à la nôtre, dans deux lignes de Fromentin que dans tout un chapitre de Taine. Certes, autant que personne, j'admire comme il convient la langue de Taine, et la parfaite méthode avec laquelle sont déduits les raisonnements et construites ses théories sur l'art en Italie, par exemple. Mais je relis en vain, au cœur de cette Italie même, où je reviens tous les ans, et où j'écris ces lignes, les plus célèbres pages de ce livre de philosophe en voyage, sans y retrouver jamais un reflet de l'émotion particulière que donnent au peintre, en cette terre de lumière, les chefs-d'œuvre de la peinture ; sans y découvrir les paroles adéquates qui contiennent le sens de mon métier et le secret de mon art. Les Italiens disent très finement que certaines choses n'ont pas de valeur marchande, mais seulement *un prezzo d'affezione*, et je traduis : « un prix selon l'amour ». Comprendre, dans le beau sens latin de *intelligere*, avoir une certaine divination de l'art, c'est une sensibilité de don, c'est presque une maladie particulière. Aussi, malgré nous, nous semble-t-il toujours que, en dehors des questions d'archéologie et d'histoire, la critique même la plus équitable, même la mieux informée est un peu à côté de la vérité, puisqu'elle est à côté de l'émotion. Qu'y faire ? Peut-être en sourire, de peur de se fâcher, et continuer notre chemin.

Que d'ailleurs le public ait le droit d'exiger de nous tous, artistes, — avec une parfaite bonne foi, à défaut de la foi, — un savoir suffisant à l'expression de nos idées, et une technique en rapport exact avec ce que nous avons à lui dire, rien de plus naturel. Une âme suffisante, — une grammaire aussi, — c'est le bagage nécessaire pour tout artiste en ce difficile et merveilleux voyage au pays de rêve et de réalité. En fait, nous travaillons pour ce public, et dans ce sens, pour la critique, puisque nos arts ne *s'objectivent* ou ne *s'extériorisent* que dans la mesure où nous appelons tous ceux qui passent à entrer en communion ou en discussion avec nous. Mais je crois que les artistes, — du moins les grands, — doivent être des éducateurs, éducateurs de l'œil, de l'oreille, de l'âme enfin ; et qu'ils sont précisément chargés, dans l'histoire des idées, d'élever, de réformer sans cesse ce jugement du public, bien loin qu'ils le doivent subir. Notre engagement envers cet éternel passant, qui est la foule, est seulement celui-ci, mais sans réserve : exprimer clairement des sentiments, c'est-à-dire des sensations idéalisées. L'art, c'est, plus précisément encore, l'action de rendre tout à coup visible ou sensible à tous, et par des moyens successivement compréhensibles pour tous, ce que n'avait avant vous vu ou compris personne. On a dit que la beauté de la Bible était d'exprimer en langue vulgaire des choses sublimes. C'est le meilleur *credo* à donner aux artistes : à toute idée, une expression juste, un art simple, un métier beau.

Mais trouver l'expression juste d'une idée, en art, c'est précisément en avoir l'intuition secrète, instinctive, c'est-à-dire le don de nature, auxquels sont appelés quelques-uns, et d'élus fort peu. La rendre simplement, c'est en posséder, par une longue et patiente culture, les moyens intellectuels. La formuler enfin dans un beau métier, c'est avoir asservi la main au joug de la pensée victorieuse. Et c'est justement tout ceci qui constitue pour nous le fond même de l'art, et ne s'apprend qu'à l'atelier, Dieu sait par quel patient labeur ! Est-il donc vaniteux de dire que seuls des artistes peuvent bien sentir et connaître cette force, ce très particulier état d'esprit, et par conséquent le bien comprendre et définir ? Sentir que toute œuvre ne vaut que pour avoir reflété un moment, si fugitif surtout, l'émotion d'un être ; deviner, sous la forme apparue ou entendue, l'esprit qui a inspiré telle statue, tel tableau, tel rythme ou telle mélodie ; et en juger le résultat dans l'ouvrage matériel selon sa signification et non selon une autre, et en jouir sous cette forme et non par comparaison avec une autre, c'est comprendre vraiment l'art et sincèrement l'aimer. Mais connaître ainsi et ainsi juger, c'est faire œuvre de goût cultivé et de respectueux savoir. L'esthétique est ce savoir, et nous ne reconnaissons à personne le droit d'y prétendre sans une patiente et sévère étude, que j'appellerai une *initiation*. Qui l'apporte est mon juge, et je m'inclinerai devant ce seul jugement. Reste le droit à la sensation, au plaisir, qui appartient à tout passant. Tout le monde, c'est entendu, a le droit de dire : « J'aime ou je n'aime pas cette œuvre d'art ! » Rares, très rares sont ceux qui ont le droit de dire : « Cette œuvre est bonne ou mauvaise ! » Encore les meilleurs et les plus honnêtes s'y sont-ils trompés, et le temps, qui remet tout à sa place, leur a tour à tour donné tort ou raison.

On dira, je le sais, que, plus encore que d'autres, les artistes seront partiaux, enfermés dans leur propre vision, sourds aux cris de l'âme voisine... Du moins reconnaîtront-ils, s'ils sont loyaux et sincères, la noblesse de cette rivalité même, et sa fécondité ; et, qui sait ? peut-être proclameront-ils mieux, adversaires éclairés qu'ignorants amis, la puissance de cette âme contraire et sa part dans la commune conquête de la vérité ? Prenez deux artistes, aussi dissemblables que vous voudrez et enfermez-les dans un lieu bien clos. Vous verrez comme ils seront vite d'accord sur ce qui est bon ou mauvais, à quelques détails de métier près. Mais à la condition qu'ils soient bien sûrs qu'on n'écoute pas aux portes ! Encore s'ils ont quelque tendresse dans l'âme ; — et tous les vrais artistes sont des *tendres*, vous m'entendez bien, et ceux qui le cachent le mieux, comme ceux qui le laissent voir imprudemment ; — comme ils se dégageront, en un moment de sympathie vraie, des petitesses et des jalousies sottement entretenues par quelque rivalité d'*ouvrier*, par un peu de vanité courante, que sais-je encore ? *pour la galerie* ; et comme ils s'uniront dans une même joie chaleureuse pour admirer, quand les voisins auront fini de rire ou de « blaguer » !

Que le lecteur me pardonne donc de déranger un peu ses habitudes, et, quittant pour une fois son journal et les beaux livres où les idées les plus fausses sont admirablement développées, qu'il consente à me suivre dans une autre promenade chez les hommes ou parmi les idées. Il verra bientôt, pour peu qu'il ne s'impatiente pas après son guide, combien ce pays est charmant et divers où vit l'âme des travailleurs, quand ils peuvent ouvrir avec confiance l'asile de leurs idées, quand c'est un ami qu'ils sentent, à la porte du cher sanctuaire de leurs rêves ! Nous leur demanderons le secret de leurs désirs, et de leurs peines, et de leurs joies ; puis nous remonterons, par-delà leurs souvenirs, jusqu'aux origines, aux sources obscures, pour nous si délicieuses dans leur mystérieuse pénombre, des arts primitifs ; et prenant les chefs-d'œuvre comme des points de repère dans la marche de l'esprit humain, sous l'effacement du chemin des hommes, nous les admirerons au passage, disant les raisons et la joie de nos admirations. Puis, en arrivant au temps présent, nous suivrons de tout près, et passionnément, — comme on suit de l'âme le drame le plus attachant, — la genèse d'un travail dont on ne voit que le résultat dans nos expositions, dans nos demeures ou dans nos rues ; et nous entrerons dans l'usine, dans le laboratoire, dans l'atelier, pour mieux connaître la technique particulière à chaque forme d'art, pour mieux surprendre les *dessous* du métier et, comme on dit chez nous familièrement, la *cuisine* des choses. Cela, un artiste le peut faire. Lui sera-t-il permis aussi de s'essayer, chemin faisant, à séparer les forces vitales d'avec les germes morbides qui entourent, qui assiègent, qui amoindrissent tous les penseurs modernes, et en particulier les artistes ? de dire, non sans quelque témérité peut-être, les regrets qui nous émeuvent, mais nous affaiblissent ; les souvenirs qui nous ravissent, mais nous gênent ; nos inquiétudes, nos espérances, même nos querelles ? et combien, entre les écoles où l'on nous instruit en nous émasculant, et les cénacles où l'on s'encense entre augures, la place est difficile et petite et le chemin glissant, aux esprits trop libres ou trop curieux.

II

Mais tout cela est difficile à dire. Avancer sans froissement trop vif, entre tant d'idées en marche, surtout entre tant d'ennemis en éveil et d'amis... au repos ! Et pourtant, confesser une bonne fois ce qu'on pense, parler hautement de cet art qu'on sert comme la religion la plus belle, croire enfin sincèrement défendre la vérité, n'est-ce pas là un faisceau de raisons suffisantes à faire parler un homme ? L'artiste aussi doit proclamer sa croyance, et, sous peine de déchéance intellectuelle, plus que jamais à cette heure la servir fidèlement par des actes, par des œuvres, et au besoin la défendre, comme une dernière souveraineté, par la parole et par l'écrit.

Aussi bien le temps a-t-il, je crois, travaillé pour nous, pour ces honnêtes gens, comme on disait au XVIIe siècle, qui, à des « clartés de tout », ont ajouté aujourd'hui des lassitudes de bien d'autres choses. La colère et le dégoût les gagnent et nous sauveront : la colère contre l'enlaidissement du monde et le dégoût du cabotinage universel qui envahit jusqu'au domaine saint de la pensée. N'en accusons que nous-mêmes ! Artistes, nous n'avons peut-être assez défendu contre le mal de ce temps ni notre conscience, ni notre travail, hâtons-nous de nous rappeler que dans la sincérité de chaque heure réside toute la force, — dans l'effort de chaque jour toute la chance, — de nos travaux ; et que la suprématie de l'art n'est faite que de la grandeur de l'idéal à la fois et de la perfection de la forme. Il y a dix ans, nous étions quelques-uns, j'entends parmi les jeunes, encore ou déjà assez fous pour nous dire tout haut idéalistes impénitents. Aujourd'hui nous voici presque à la mode. Et comme le temps paraît déjà loin des batailles du naturalisme contre toute noblesse et toute grâce de la pensée ! Dans les lettres, le triomphe paraissait complet alors, et Dieu sait combien bruyant ! Il en était de même d'ailleurs « dans la peinture ». Et qui eût osé aimer, et le dire, un tableau un peu pensé et un peu jaune, je veux dire un peu moins violet et violent que les autres, eût été relevé d'importance ! Des Expositions trop bleues, et des très inutiles pamphlets, que reste-t-il à cette heure ? L'idéal a vu d'autres assauts ; et voici qu'il serait trop facile de répondre à ces faux Goliath, qui criaient naguère leurs haines par-dessus nos toits, et de leur dire nos revanches, qui ne sont que les revanches éternelles de l'idéal, c'est-à-dire de la nécessité esthétique et morale, pour l'artiste et pour l'homme, de transformer en lui la *réalité*, pour en faire de la *vérité*.

Mais y a-t-il une réalité ? Il n'y a qu'une nature, unique peut-être, mais aperçue par des sens différents, jugée par des êtres dissemblables à l'infini. Peintre, je ne vois pas tel objet exactement de la même façon que mon voisin. Alors, où est la réalité absolue ? Bien plus, que devient le réalisme ? Il faut dire qu'il n'y a que la vision d'un être, plus ou moins bien doué, devant l'apparence

17

des choses ; ou encore qu'il n'y a qu'une nature insensible ou inconsciente, avec des hommes au-dessus d'elle, pour la juger ; et qui ont donc l'impérieux devoir de la transformer, de la vaincre, puisqu'ils ont, jusqu'à un certain point, la liberté de la voir et la mission de la comprendre. Etre idéaliste, si l'on est de bonne foi, si l'on ne se plaît pas inutilement à jouer sur les mots, c'est simplement reconnaître cette suprématie de l'homme sur la nature, et, dans le cas particulier de l'artiste, sur ce qu'on a appelé la réalité. L'*idéal*, c'est le droit, pour tout être supérieur, de contrôler dans son cœur ce qu'il voit par ses yeux. Il n'y a pas d'art hors de ce droit. Il n'y a pas non plus de vérité intellectuelle, et par conséquent artistique, hors de cette victoire de l'être sur la matière. A cet égard, il faut avoir le courage de dire que le matérialisme est une mauvaise action comme l'art sans idéal n'est positivement qu'un mensonge.

Mais qu'on ne se méprenne pas sur le sens profond de ce beau mot d'idéal : l'idéal n'exprime que le droit, et partant le devoir, pour tout penseur, pour tout artiste, d'ajouter à un acte d'humilité, qui est la soumission première devant la nature, un acte de volonté qui en est le jugement réfléchi. Oui, l'effort superbe de l'artiste saisi, étreint par la nature, sphinx terrible et délicieux, pour la regarder en face, la prendre à son tour et la posséder ! Et nous voici revenus par un détour à notre affirmation première, celle qu'il importe avant tout, selon moi, de démontrer, de défendre, d'imposer à cette heure, à savoir : que, pas plus qu'il n'y a de pensée supérieure sans un idéal, ou, en morale, de vertu sans une généreuse action, il ne saurait y avoir, en art, d'œuvre durable sans un beau métier. Dans aucun temps, sous aucune forme, une expression d'art ne s'est dégagée entièrement, définitivement, sans une science acquise la développant du fond obscur de l'incommunicable instinct ; sans une volonté patiente et réfléchie l'analysant et la canalisant ; par conséquent, sans un métier matériellement beau, la formulant bien. Et un beau métier, s'il faut préciser encore, c'est un métier parfaitement approprié au résultat voulu par l'artiste et aux conditions mêmes de son ouvrage, non une formule uniforme imposée à tous les talents divers ; c'est un métier toujours renouvelé pour des besoins nouveaux par de nouvelles mains, sans cesser d'être réglé secrètement par des lois générales de nombre, de poids et de mesure qu'on ne saurait enfreindre ; et puisque nous ne pouvons, dans l'infirmité de nos moyens, que traduire par des formes passagères et des moyens contingents l'impondérable force qui nous fait voir, entendre et penser, nous voilà réduits, pour faire œuvre vivante, à essayer du moins de rendre la plus pure possible et la plus perfectionnée l'enveloppe matérielle qui servira d'intermédiaire à ces idées.

Je crois que les grands artistes sont ceux qui ont accepté sans peur ce combat de la forme et de l'idée, de l'art et du métier ; qui en ont compris, aimé la beauté ; et qui se sont attachés de bonne heure à vaincre l'obscure résistance des choses, à faire tour à tour de la matière une esclave, une complice, et une amie. A coup sûr ce sont ceux qui, certains de leur but et maîtres de leur volonté, se sont forgé, de leur métier, une armure à leur taille. Et à regarder ainsi leurs œuvres, le métier se pourrait définir encore : la forme et la substance les plus harmonieusement adaptées au génie du temps, de l'individu, du lieu. Dans la plupart des cas, c'a dû être l'aspect nécessaire de la pensée à un moment précis du temps, à cette exacte rencontre de l'homme supérieur et des circonstances. Nous verrons, dans chacune des études suivantes, comment non seulement chaque art, mais presque chaque œuvre, demande entraîne, impose un métier différent, et ce qui fait ainsi, de chaque variété, un charme toujours nouveau, et toujours une technique personnelle. Il y a, au point de vue esthétique, une énorme différence entre une des statues gothiques du portail de Reims, par exemple, et la Victoire de Samothrace. Pourquoi toutes deux donnent-elles, après les temps écoulés, une immense sensation de grandeur, la pensive chrétienne après la païenne radieuse ? C'est que nous y voyons, en vérité, sous une quantité de beauté adéquate à l'idée qu'il fallait exprimer, tout le reflet de la foi du moyen âge ou de la sérénité grecque. Tout artiste qui reflète un moment du temps, un mode de la vie, est déjà dans le vrai : il ne compte pourtant que s'il en agrandit la vision.

Il ne dure aussi que s'il en idéalise, même sans le vouloir, le sens et la matière. Il y a des idéalistes sans le savoir ! Et ce ne sont pas ceux qui crient le moins fort après l'idéal. Je citais tout à l'heure des livres de polémique et des œuvres... de combat. Les grandes colères qui en ont enveloppé l'apparition sont tombées ; qu'en reste-t-il ? De bons et de mauvais ouvrages. Et, ce qui est infiniment plus instructif, — et quelque peu divertissant, — presque toujours les œuvres des chefs d'école les plus ardents donnent à leurs théories de parfaits démentis quand elles sont belles ! On s'était proclamé le vainqueur du jour, le *tombeur* du passé, l'inventeur de formules nouvelles devant lesquelles tout devait disparaître. Et voici qu'il se trouve, en fin de compte, qu'on n'a fait œuvre durable qu'avec un usage moyen de moyens éternels ; et que, si tel tableau, tel roman ou tel opéra garde quelque chose de tant soit peu immortel, c'est qu'il était, pour une part, beau à la façon de tout le monde. Le reste, c'est proprement la formule personnelle de l'artiste. Fort bien ! et j'en veux jouir plus que tout autre ; car c'est bien ce qui le fait vivre. Mais c'est aussi ce qui périt avec lui. Ce qui était la marque du génie sera la tare de l'imitateur. De tous les efforts de l'homme, ce qui demeure, c'est, sous l'impulsion de la personnelle sensibilité, ce qui s'est le plus approché de l'impersonnel. De la grande œuvre qu'on brise ou qu'on renie, qui s'écaille ou qui se démode, il restera toujours, si elle est née de la vérité et de l'amour, quelque chose d'indestructible et de sacré, comme un noyau de beauté qui fut un jour un centre d'émotion, et ne perdra plus le caractère presque divin qu'ont ces grands témoignages de foi et de sincérité. Aussi les génies n'ont pas de successeurs ; ils n'ont que des équivalents, des pendants. C'est que le moule dans lequel ils avaient coulé leur pensée se brise aux mains de leurs héritiers. Leurs armes, qu'ils croyaient laisser aiguisées et redoutables, tombent ou se retournent contre eux. Quoi de plus lamentable que les imitateurs essoufflés qui courent après les génies ?

En ce sens, il est frappant que les très grands artistes n'ont presque jamais eu que des élèves médiocres. Ils sont même, presque toujours, de mauvais professeurs. Quels sont, en Italie, les descendants de Michel-Ange ? Pensez aussi à ce que vous voyez de nos jours. C'est peut-être que les grandes personnalités, les intuitifs, — les seuls intéressants parmi les artistes, — voient devant eux, où est la lumière, et ne regardent pas autour d'eux, où sont les commencements d'âmes, les artistes de demain. Il n'y a de commun à tous que l'amour. Entre la beauté générale et l'effort du plus humble des ouvriers de l'esprit s'établit une communication secrète, une affinité continuellement exaltée par l'intensité de ce pur sentiment. De même, il y a une sorte d'équilibre indéfinissable, mystérieux, et pourtant très sensible pour les artistes, entre toutes les parties d'une œuvre d'art, qui en assure la perfection visible, et en constitue la loi cachée, et que seul mesure cet étiage intellectuel du beau, le goût. J'ai souvent entendu répéter par Gounod, et il me plaît de mettre mes idées sous la protection de son doux et clair génie, cette phrase où il aimait à résumer toute sa polémique contre certains hommes et son catéchisme d'art tout entier : « Voir gros ce n'est pas voir grand ! Et la mesure en tout est la première condition de la beauté ! »

III

Le naturalisme, dont il faut reconnaître les rares services en même temps que la fin prématurée, aura été de notre temps un curieux état de l'esprit, quelque chose comme une maladie nécessaire. Voir laid, cela nous a évidemment reposés d'avoir vu beau si longtemps ! L'impressionnisme est venu achever le malade, je veux dire achever de le guérir, sans parler des maladies semblables de la littérature ou de la musique ! Mais enfin tout cela est fini, et nous sommes guéris, n'est-ce pas ?... A moins que le symbolisme décadent, qu'on a pris naguère pour une convalescence, ne soit une rechute ? Ne serait-ce pas aussi que la contagion vient de plus haut ? Hélas ! quand l'âme d'un peuple est malade, quel peut être son art ? Et si les idées sont gangrenées, que veut-on que disent et traduisent ces artistes, qui ne sont que des reflets de l'âme générale, d'involontaires dénonciateurs de l'état moral ou social. Pourtant il y a eu, il y aura encore, je pense, en ce pays de France, un état de bonne santé artistique, où l'œuvre, image fidèle de l'artiste, saine, logique et bien constituée, vit et s'impose, se *tient*, comme nous disons, et garde une physionomie toute particulière, encore qu'elle ait de reconnaissables *parents*. Et cette parenté, c'est la tradition ; et cette individualité, c'est le don, talent ou génie. Dans leur réconciliation seule sera le salut.

Car enfin il y a un lien naturel, vital, entre les époques comme entre les artistes d'un même pays, une suite historique du travail collectif, une raison d'être de race ! A côté du renouveau qu'apporte toute âme différente, il y a une filiation des individus et une discipline des idées. Quoi ! Etre des Gaulois, fils de Celtes un peu rêveurs, et de Latins très précis, c'est-à-dire le meilleur mélange qu'on puisse concevoir de pensée et de volonté, de rêve et d'action, ou encore d'art et de métier ; se sentir, après des siècles de bon labeur, un peuple de penseurs vifs et clairs, d'artistes délicats et nets, descendants bien vivants encore de ces fiers ouvriers d'idées qui furent nos ancêtres, toujours lumineux, sobres, hardis, concis, spirituels surtout et mesurés dans la force, et forts même avec je ne sais quelle grâce ; de Rabelais ou de Racine, de Voltaire ou de Bossuet, jusqu'à Lamartine, jusqu'à Flaubert, de Clouet ou de Watteau jusqu'à Ingres, jusqu'à Meissonier, de Germain Pilon ou de Houdon jusqu'à Rude, jusqu'à Carpeaux ; et n'avoir plus le choix, au dire des prophètes de brasserie ou des portiers de chapelles, nos maîtres, qu'entre un bas naturalisme sans esprit et sans goût ou un maniérisme de dégénérés, — art de malades, art de vaincus ! Vraiment, c'est assez ! Encore un peu, et le malade se fâchera, et le Gaulois se révoltera sous le Français déchu, ou peut-être seulement sceptique ! Qu'un cœur ému nous parle, qu'un esprit simple se lève parmi nous, et nous relève : nous l'appelons de toutes nos forces ! Si déjà quelques hommes plus fiers, ou quelques tempéraments plus forts, ont su résister à ce flot montant de la réclame et de la sottise, admirons-les hautement ! aimons-les surtout. El qu'ils nous disent comme il faut vivre et penser, pour ne pas vivre et mourir de quintessence après avoir failli mourir de grossièreté. Le naturalisme nous a rappelés, en un jour de détresse, au respect de la nature ? Soit ! Il a secoué les uns de leur affadissement sentimental, il a délivré les autres de la tyrannie des conventionnelles platitudes. De cette… purgation nous est revenu peut-être l'appétit aux doctes idées, aux nobles formes. Mais, pour Dieu ! maintenant que nous avons les yeux plus clairs et l'âme nettoyée, reprenons la route ensoleillée ; respirons, comme tout le monde, l'air pur de l'admirable nature qui, au fond, n'est laide que pour de vilaines âmes ; et revenons à la santé, qui n'est encore que la Beauté !

Voilà le bon combat, à cette heure. Et je pense qu'il n'a rien que de très loyal. Mais comme il est urgent ! comme le temps presse de se ressaisir, de reprendre courage en reprenant confiance dans la vérité et l'amour, de remonter le chemin des idées et des habitudes jusqu'au point où l'on voyait, où l'on verra de nouveau de beaux horizons ! Travaillons, sans peur et sans haine, à l'œuvre commune, à l'œuvre de pensée, à cette grande cathédrale, toujours inachevée, de l'Idée. Les mots sont peu de chose ; mais le travail de chacun sert à l'œuvre total. En ce sens, le plus modeste ouvrier d'idéal est utile, indispensable peut-être. Mais que fais-je moi-même en querellant ici mes voisins, d'assez forts compagnons, ce me semble, sinon une besogne aussi vaine ? Les artistes travaillent, et les œuvres belles demeurent, c'est-à-dire celles où il y a assez de rêve universel dans assez de forme personnelle. Aussi bien les plus réalistes des hommes ne sont-ils pas, à quelque moment de leur travail, quoi qu'ils en disent, des *arrangeurs* de réalité, c'est-à-dire par un côté des idéalistes ? Et les idéalistes, à leur tour, ne doivent-ils pas s'appuyer sur la réalité, sous peine de n'étreindre qu'une chimère ? C'est affaire de s'entendre sur les mots ; car si l'art, pour tout le monde, est toujours, à un certain moment, un choix, choisir n'est-il pas juger, purifier, transformer le réel ? Après bien des menaces au nom de cette réalité, et bien des promesses au nom de la science, nous voici revenus, sans être plus avancés que devant, au grand problème de l'idée et de la foi. Peut-être l'art, au fond, vit-il, comme toute pensée humaine, de ces perpétuelles réactions, de ces passions vigoureuses. Il est bon, sans doute, qu'on soit un peu insulté. Cela rend la vie intéressante. Mais il faut y répondre pour vivre soi-même.

Et, pourtant, l'admiration est, tout compte fait, d'ordre plus noble que la colère. Tous les esprits supérieurs ont eu, à un haut degré, cette faculté, presque ce besoin d'admiration. Cela suppose chez eux plus de hauteur d'âme, quelque chose comme un orgueil de race, peut-être avec une nuance de mépris. Renan disait [1] : « Pour nous qui ne plaidons qu'une seule cause, la cause de l'esprit humain (et j'entends ici, après lui, la cause de l'art, expression suprême de l'esprit humain), notre admiration est bien plus libre. Nous croirions nous faire tort à nous-mêmes en n'admirant pas quelque chose de ce que l'esprit humain a fait. Est-on de mauvaise humeur contre Homère ou Walmiki, parce que leur manière n'est plus celle de notre âge ? » De fait, le temps est bien pour quelque chose dans ce beau désintéressement, et à de telles distances, les rivalités sont mortes ; et l'on sait que le meilleur moyen d'avoir

---

1 Renan, *l'Avenir de la science.*

raison, en notre pays, c'est encore de mourir. Mais soyons francs, envers le public, surtout envers nous-mêmes ; ayons le courage de le dire, avec le philosophe : artistes, nous ne valons quelque chose qu'à la condition de servir une idée ; et si nous sommes de bonne foi, et si nous avons quelque hauteur d'âme, nous devons aimer l'art partout, à la condition qu'il soit sincère et que nous le soyons aussi ; mais nous ne devons l'aimer que s'il est la traduction d'un être, le résultat d'une pensée brûlante et d'une émotion supérieure. Nous ne détestons et ne devons détester qu'une chose, c'est l'art sans but, sans beauté, ou sans âme !

Or tout ce qui est logique a sa beauté ; tout ce qui est sincère a son but ; tout ce qui est simple est plein d'âme. En architecture, le Parthénon, presque petit, mais parfait dans une juste proportion, est de la beauté vraie à sa vraie place. La tour Eiffel est la plus énorme preuve du contraire. En peinture, une figure de Watteau ou un paysage de Corot, peuvent contenir, enfermée dans une fine matière, plus d'âme exprimée que les plus grands tableaux d'histoire. En poésie, ou en musique, une phrase juste d'expression, c'est-à-dire vraie en humanité, pleine au sens de l'amour, — mieux encore si la pureté de la forme la garde de toute flétrissure, — renfermera plus de vérité et par conséquent de beauté appliquée que les cinq actes d'une inutile tragédie ou d'un opéra… pardon ! d'un drame lyrique ! Le tout est d'être toujours dans la mesure, dans sa mesure. Il n'y a décidément d'odieux que la banalité satisfaite et le vulgaire triomphant !

Renan disait encore : « Nous admirons une tragédie de Schiller, une méditation de Lamartine, un chant de Gœthe, parce que nous y retrouvons notre idéal. Est-ce notre idéal que nous trouvons également dans les poétiques dissertations de Job, dans les suaves cantiques des Hébreux, dans les hymnes du Véda ? Est-ce notre idéal que nous trouvons dans une figure symbolique d'Oum ou de Brahma, dans une pyramide d'Egypte ? Non, certes ! Nous n'admirons qu'à la condition de nous reporter au temps auquel appartiennent ces monuments, de nous placer dans le milieu de l'esprit humain, d'envisager tout cela comme l'éternelle végétation de la force cachée. » Et cette *végétation*, c'est encore l'image du *métier*, apparence extérieure de l'*art*. Et les maîtres l'ont toujours aimée belle, et en ont paré leurs ouvrages, estimant sans doute qu'on peut dire d'une œuvre bonne ce qu'on dit d'un beau fruit : que sa *fleur* est le signe visible de sa qualité. J'insiste, avec intention, sur ce qu'a de vital, à mon sens, pour tous nos travaux, cette indissolubilité du métier et de l'art ; il ne faut pas que ce soit un mariage de raison, mais un mariage d'amour. J'essaierai d'expliquer au public, par la suite, et de façon plus technique, le parallèle fonctionnement de ces deux forces jusque dans les détails pratiques de tous nos métiers. En somme, c'est une harmonie à chercher continuellement ; et si l'on doit appeler la poésie un art aussi, c'est parce qu'elle est le rythme par exemple, et doit pénétrer tous les arts sous forme d'harmonie, comme les arts doivent dégager de la poésie sous forme d'idéal.

Nous ne manquerons pas de preuves à l'appui de cette vérité ; mais en attendant, l'aurai-je pu rappeler discrètement, mais fermement, aux artistes qui font avec imprudence profession de l'oublier : le mépris du métier, ou seulement l'indifférence est une maladie toute moderne. Des Flandres jusqu'en Italie, de la Grèce à la Chine, tout noble maître est doublé d'un parfait artisan. Pensez à un marbre antique et aussitôt après à une pièce en laque du Japon ; à une toile de Terburg et à une fresque de Botticelli ; à un chant d'Orient et à une phrase de Mozart. Sous la dissemblance, quelle étonnante parenté dans la perfection ! Il n'y a aucun rapport entre le métier de Rubens, et celui de Ghirlandajo ; et tous les deux sont de beaux métiers. Il sera plus facile après cela de comprendre ceux qui ne le sont pas aujourd'hui ! Tous les chefs-d'œuvre, de toutes les écoles, évoquent un sentiment de beauté intrinsèque, de beauté voulue et aimée. Belle matière, belle langue, ou beaux sons, ils provoquent comme une tentation d'en toucher le tissu, d'en respirer l'odeur, d'en goûter l'harmonie. Une sculpture dorée par le soleil, un peu usée par le temps, a l'air comme douce aux doigts ; une peinture qu'a lentement ambrée l'émail des années a quelque chose de velouté et de rare qu'on aimerait à caresser comme le dos d'un animal très délicat. On ne comprend bien qu'ainsi la joie attendrie qu'avait, dit-on, Michel-Ange devenu presque aveugle à la fin de sa vie, en touchant de ses mains tremblantes le beau torse antique du Vatican. Eh bien ! il y a pour l'artiste, n'en doutez pas, la même sensation infiniment douce et pourtant si puissante, exquise et presque indéfinissable, à toucher la terre grasse, la couleur fluide, le fin papier où il tente, avec l'amour de la nature et l'aide de Dieu, de préciser son rêve !

Tous les maîtres ont eu un métier fort, un métier savamment et patiemment organisé. Et il n'y aura pas de génies nouveaux sans un métier parfait, quoique nouveau. A plus forte raison, tous ceux qui travaillent au-dessous ou à côté des génies, — ou plutôt qui par leur travaux modestes ou obscurs préparent le terrain pour les futurs génies, — doivent-ils faire, sous peine de disparaître inutilisés ou médiocres, un perpétuel effort pour instruire leur main à l'obéissance de leur cerveau. Tout travail, si humble soit-il, où il y a proportion entre la pensée et l'exécution, entre l'objet et la volonté, est une œuvre d'art. L'intention, en fait d'art, ne vaut que dans le résultat. Et voici que ce devient une vérité nécessaire à dire. Nous en sommes venus tous et les artistes, avouons-le, plus encore que le public, à une telle lassitude du *simple*, qu'oser parler de Beauté tout court c'est faire sourire d'abord nos nouveaux esthètes, atteints d'hyperesthésie intellectuelle, ce qui pourrait s'appeler aussi de la vanité prétentieuse, en bon français. C'est aussi se faire donner, dans certains milieux, un brevet de béotien, de bourgeois, de *pompier* incorrigible ! Consolons-nous-en ; il sera demain très élégant, s'il est aujourd'hui encore un peu téméraire, de l'avoir mérité.

IV

Il nous reste, avant d'en arriver à l'étude technique de chaque forme d'art, à examiner de plus près, au double point de vue des œuvres prochaines, et d'un avenir plus éloigné, et en quelque sorte plus philosophique, la situation créée aux artistes contemporains ou… futurs par les *mouvements* d'art de ces derniers temps. Quelle aura été, en architecture, l'influence des idées nouvelles ou des mœurs du temps, et, — pour citer un exemple entre plusieurs, — de l'emploi du fer dans les constructions modernes ? Quel encore l'effet, en peinture ou en sculpture, des écoles naturaliste et impressionniste, et de la réaction qui en a suivi le triomphe passager ? Quelle enfin, en poésie ou en musique, la portée du succès, légitime ou exagéré, des littératures étrangères ou du *système* wagnérien ?

Ces questions et, si je puis, quelques réponses feront l'objet des études suivantes que j'ai pensé diviser en quatre parties : architecture, sculpture, peinture, musique ; et dont j'ai essayé d'expliquer en ces pages le but et le sens. Les titres diront mieux peut-être mon intention et mon intime désir, en ce qu'ils symboliseront, — s'il est possible en deux termes, — le rapport mystérieux entre tout art et tout métier, c'est-à-dire entre toute force de la nature et tout effort de l'homme. Les voici : De la Forêt jusqu'au Temple ; .. de la Terre jusqu'à l'Homme ; .. de la Couleur jusqu'à l'Idée… de l'Oiseau jusqu'à la Symphonie. Sous cette forme qui m'a paru traduire plus poétiquement nos rêves d'artistes, et en quelque sorte *peindre* les idées dans lesquelles et pour lesquelles nous vivons, j'essaierai de faire aimer au lecteur notre métier en lui montrant que ce qu'il aime en nous ce n'est au fond que notre façon d'aimer. Et s'il me demande quel doit être à cette heure notre but commun, notre urgent et immédiat effort, je lui répondrai que, si le naturalisme, — peintre, j'aurais mauvaise grâce à le nier, — en nous ramenant à « une violente amour » de la nature, pour servile qu'elle fût, nous a *nettoyé* l'esprit, comme l'impressionnisme, par une observation plus aiguë du *plein air*, a nettoyé notre palette et simplifié peut-être notre compréhension graphique des mouvements, ni l'un ni l'autre n'ont servi beaucoup la science de la composition, ni le respect du dessin, — cette probité, comme disait Ingres ; que les mêmes effets, pour des raisons semblables, se sont produits dans les autres arts, comme il est aisé de s'en apercevoir ; mais qu'il est temps, et grand temps, de nous retremper aux sources de notre intelligence et de notre culture françaises, ce qui est proprement retourner à la tradition, librement mais respectueusement entendue, et ainsi renouer les ambitions nouvelles aux désirs anciens. Mon ardente croyance est toute en la nécessité d'un retour sincère à l'idéalisme, mais à un idéalisme sain et fort, et non à un mysticisme bâtard et sans conviction, qui n'en est que la caricature.

Malheureusement les idées ont des maladies comme les êtres. Il y a certainement des crises intellectuelles chez les peuples comme chez les individus, et je crois que nous traversons un de ces moments difficiles. Que l'on considère seulement comment nous vivons, on dira de suite comment nous pensons. Travail, joie ou peine, — art ou métier, — tout est, chez nous, également superficiel. C'est que dans la hâte de l'*existence*, la *vie* n'est plus profonde : le mot est d'un grand artiste qui était un vrai penseur. A courir après le succès, on s'excite, on s'agite, ou on s'essouffle, mais on n'a plus le temps d'être ému. Tous, ou presque tous, dans notre société inquiète, sans lien, composite et mal composée, nous ne vivons que de désirs douteux, d'efforts factices, de plaisirs tristes ! Nous nous croyons actifs, nous ne sommes que pressés. Citoyens, nous ne pensons qu'à la jouissance matérielle au bord du plus grand danger moral qui nous ait jamais menacés. Artistes, nous ne sommes plus des apôtres, mais des commerçants ; hélas ! pas même des combattants, mais des dilettanti, ou des égoïstes ?

Et, pendant ce temps-là, des races plus froides, moins douées pourtant, mais plus sérieuses ou plus confiantes, montent lentement, sûrement, tout autour de nous. J'ai bien peur que toute notre agitation, intérieure ou extérieure, ne soit tout le contraire d'un signe de force. En tout cas, dans les arts, le désarroi est complet. Il n'y a plus de doctrine commune, et chacun perd le meilleur de son temps à se refaire une grammaire ; c'est parfait ; mais chacun aussi a peur ou envie d'imiter son voisin. Il n'y a plus une école, il y en a deux cents. Dans la lutte des petites ambitions et des grandes vanités, personne n'a plus songé au respect de l'art qui seul entraîne le respect des artistes ; chacun s'en est allé de son côté, et on a, un beau jour, oublié de travailler à la continuité de la pensée nationale. Par peur de la tradition, — oh ! si mal habillée par ses gardiens ordinaires ! — les uns se sont sauvés à travers champs, jetant leurs bonnets, quelquefois avec leurs têtes, par-dessus tous les moulins. Les autres, ceux qui sont restés aux pieds de la déesse, paraissent y mourir d'ennui. En vérité nous sommes aussi las, dans tous les arts, des excentricités — des *fumisteries* — que des routines. Nous allons à tâtons, sans boussole, sans joie, surtout sans but, inquiets de l'avenir, grisés de phrases creuses, affolés de théories impossibles, troublés également par la soif du succès et la peur de la *presse* ! Ainsi tiraillés, nous errons dans un crépuscule incertain où tout est peut-être délicat, fin ou rare, mais où rien n'est sain, où rien n'est franc, où rien n'est mâle ! Tons passés, et cœurs usés ; c'est la mode ; et tout est pareil, depuis nos salons jusqu'à nos intelligences : ceux-ci encombrés de choses anciennes qui ne sont que de vieilles choses, celles-là grosses d'un « art nouveau » qui n'est qu'une nouvelle contrefaçon ! Mais l'art nouveau se fait sans le vouloir, surtout sans le dire, peut-être sans le savoir. Les vrais novateurs sont toujours des naïfs ; et le mot vraiment *nouveau* est celui qui leur sort du cœur, des entrailles, sans secours ni réclame, à travers tout le monde et malgré tout le monde ! Ceux-là travaillent dans leur coin, silencieusement, victorieusement ; la plupart du temps, ils s'ignorent, mais ils aiment ; et toute grâce vient de là ! Qu'on nous laisse donc tranquilles enfin avec ces mots sonores et vides d'art moderne et d'art vieux-jeu ! Il n'y a pas d'art moderne ; il y a l'*art*, et c'est tout ; mauvais ou bon, quoique ancien ou quoique moderne. Il y a même des vieux maîtres, — si vieux qu'ils en sont morts, — qui sont toujours jeunes ; et il y a des jeunes qui ne sont pas des maîtres et qui sont très vieux. Par bonheur, d'autres songent, loin du bruit, loin des querelles qui, en regardant la nature se réfléchir dans leur rêve, trouveront quelque chose, et nous donneront à tous définitivement tort.

Je ne conteste pas qu'un sincère effort ait été fait depuis quelque temps, pour sortir d'un malaise qu'aucun artiste ne niera, je pense. L'Europe cherche une philosophie et un art pour finir le siècle, et ne les trouve pas. En France surtout, qui plus particulièrement nous touche, l'effort a paru curieux, original, mieux dirigé aussi depuis peu. Par la force d'habitudes modifiées, de mœurs différentes et assez facilement cosmopolites dans les choses de l'esprit et du goût, — sans oublier la mode, la tyrannique mode qui n'est qu'une des formes de prostitution du beau, — on a été amené à d'autres manières d'art, je le veux bien, mais non pas conduit à d'autres sources de vérité. A force d'avoir peur de l'éducation, on a oublié jusqu'à la plus élémentaire technique ; et par terreur des maîtres on n'apprend plus son métier. Comme vous, je hais la servitude et le plagiat ; mais si vous répétez les paroles des autres, c'est donc que vous n'avez rien d'*autre* à dire, et ceci est bien de votre seule faute, comme cela sera d'ailleurs votre châtiment final. Et s'il me faut maintenant devenir Scandinave ou Japonais de peur de mourir académique, la belle avance ! J'aime mieux jeter ma palette ou fermer mon piano, et aller courir les champs, où la journée est belle sous le ciel étincelant, quand passent en chantant des oiseaux et des femmes ! Mais il y a, Dieu merci ! plus de chaleur à vivre, et plus de vivacité à sentir, dans ce peuple, qu'on ne le dit chez nos ennemis, — hélas ! surtout chez nous, — mais pour Dieu ! sortons des sophismes, des systèmes, des rébus ! Souvenons-nous surtout que le monde des idées et des actes, comme *l'autre*, ne saurait vivre de théories absolues ; la vie modifie tous les jours l'être, insensiblement : et c'est cela qui fait, tout doucement, sans qu'on s'en doute, les transitions d'un style à un autre, et l'art vraiment nouveau. Les raisons des choses changent plus qu'on ne croit la raison des hommes ; et le nouveau style naît tout seul d'un besoin vrai, et non d'un factice effort.

Est-il trop tôt pour dire à ce propos que la Révolution française a substitué beaucoup de petites tyrannies à la *grande* qu'elle a voulu abattre. Et je ne parle que des arts ! Il est de fait qu'en centralisant, en unifiant à outrance toutes les forces créatrices d'art éparses dans l'ancienne France, elle a brusquement arrêté la circulation de la vie intellectuelle dans ce grand organisme. Le premier essai, hâtif et mal fait, d'unification artistique, n'a été qu'une attaque d'apoplexie, dont les membres du corps entier souffrent encore. En démolissant *tout*, et plus encore en reconstituant *tout*, en un jour, d'une pièce, selon une formule abstraite, la Révolution, en général, a été à rebours de la vraie unité, qui est dans la diversité, — la diversité des efforts parallèles vers un but. La Révolution française, en supprimant d'un trait de plume si léger, si grave ! les maîtrises et les corporations, pour ne citer ici qu'une cause de trouble entre tant d'autres, a supprimé longtemps la vie dans des branches latérales de l'activité intellectuelle de notre pays. Quand on ne pense qu'en haut, on pense trop, et on n'agit plus. Les penseurs, les artistes viennent de partout, souvent on ne sait d'où. On les a, au commencement de ce siècle, isolés dans un fort beau temple qui ressemble à une prison. Enfermés dans leur tour d'ivoire, on les a si bien séparés de la foule que, pour un peu, ils n'auraient plus de communication avec le monde. Et c'est l'histoire de toutes les décadences : d'abord c'est, au milieu du peuple, sortis de lui et vivant de lui, des suites d'hommes, distingués à peine de la masse, chantant, sculptant, peignant pour elle, sur un thème commun, comme hiératique ; constructeurs inconnus des grandes cathédrales impersonnelles, poètes des grandes épopées populaires. Puis les ouvriers de l'idée et de la main s'affinent, se spécialisent, et fatalement s'isolent de la foule, par hauteur d'âme, par fierté ou par tristesse. Mais aussitôt qu'ils s'en sont isolés, — et comme par une loi cruelle — ils en perdent la direction ; et, hors de cette communion, les grands efforts s'abolissent, et bientôt les grandes époques sont épuisées. C'est pour les artistes, je le crois, que l'antiquité a inventé ce beau symbole du géant qui doit sans cesse toucher terre pour garder sa force invincible. C'est dans le sol, c'est dans le peuple, c'est dans la vie qu'est l'origine de toute pensée, de tout art, et j'ajoute, de toute foi. La plus grande erreur intellectuelle est d'isoler le penseur de la vie, l'homme de la matière, l'esprit de la forme.

L'erreur artistique de ce siècle, au moins chez nous, a été de séparer l'artiste de l'artisan. La conception d'un art noble à côté d'arts vulgaires, non seulement les dominant, mais les dédaignant, vivant loin d'eux et d'ailleurs, châtiment logique, mourant sans eux, a été le crime d'une école ; — oserai-je dire de l'Ecole ? plus qu'un crime, une faute, pour emprunter un mot célèbre, et une faute presque irréparable. Remontera-t-on le courant ? Pourra-t-on, à travers les idées bouleversées, les mœurs changées avec les conditions économiques du travail même, renouer les chaînons d'une vieille tradition, si française ? On semble y apporter à cette heure la plus curieuse passion, bien qu'avec un peu d'exagérée précipitation, et du moins une presque unanimité d'efforts, par un retour aux applications plus directes des arts à leur but particulier ; par l'appropriation plus logique, plus modeste parfois et en cela non moins forte du don particulier, du génie intime, si l'on veut — de chaque individu à la forme et à l'utilité du métier qu'il exerce ; par une meilleure connaissance enfin de l'origine de chacun des arts et de son histoire.

C'est ce qu'on a appelé la réforme des *Arts appliqués*. Comme si l'art avait jamais pu avoir un sens, une raison d'être autrement qu'appliquée à son but propre ! Mais c'est un des malheurs de ce temps et peut-être plus encore de ce pays, d'avoir dénaturé le sens des mots, et, ce qui est plus grave, la valeur des idées qu'ils expriment. Bien des causes diverses, comme nous le verrons, ont contribué, en ce siècle, et en France, à cette déviation. Les artistes, et de très grands parfois, y ont leur part de responsabilité. Mais le public, dans son ensemble, est le grand coupable. Il est routinier avec joie, et peut-être, au fond, ignorant avec délices. Et l'on ne saurait pas plus le sortir de ses admirations toutes faites, que le déranger de ses banales habitudes. C'est grand dommage, car les artistes originaux sont toujours un peu des démolisseurs d'habitudes, quand ils ne sont pas des briseurs d'images. Et le monde tient à ses erreurs. Peut-être ces dernières années ont-elles vu — grâce à des rivalités dont on connaît l'histoire — une renaissance de bataille artistique qui est de bon augure. D'incontestables efforts ont été faits pour donner à chaque branche de l'art, même la plus obscure ou la plus oubliée, un peu plus de vie indépendante, et de belles tentatives pour les rajeunir toutes en leur rappelant à propos leurs origines, et la grandeur du plus humble métier. Et voici, en vérité, une nouvelle et vivifiante application du proverbe : « Il n'y a pas de sot métier ; il n'y a que de sottes gens ! » Quelle vanité de ne pas voir que la matière n'est ni vulgaire, ni belle, que seule la main de l'homme transforme et ennoblit. En deux mots, il n'y a pas de systèmes en art ; il n'y a que des individus. Il n'y a pas de castes en art, il n'y a que des degrés. De fait un pot d'étain peut être beau ; une statue équestre peut ne l'être pas. Et qu'est-ce donc, historiquement, que la Renaissance en Italie, par exemple, sinon l'œuvre de quelques hommes de génie, utilisant merveilleusement le hasard des premières découvertes de débris antiques, et cristallisant dans leurs œuvres un vague besoin populaire de réaction sensuelle, de revendication de la forme ?

Donc, on a relevé les arts dits industriels, et on a bien fait. On se décidera peut-être à unir de nouveau, dans un seul faisceau, et comme dans une seule présentation au public, ce qu'on avait stupidement divisé, désassocié, démembré depuis le commencement du siècle ; et on fera mieux encore. Mais qu'on y prenne garde ! C'est par en haut qu'il faut rajeunir l'arbre, non par en bas. A la besogne où l'on nous appelle tous, ouvriers et artistes, les mains sont bonnes, et nombreuses, et courageuses. C'est la tête qui manque. Je veux dire : les ouvriers ne font pas défaut, mais les artistes. C'est nous qu'il faut réformer ; c'est nous qu'il faut élever autrement. C'est nous qui devrons faire demain, sous peine d'immédiate décadence, de l'art *appliqué* et non plus de l'art *en chambre* ; de l'art fait non pas de souvenirs, mais d'émotion, non pas de théories, mais de rêve, non pas d'histoire, mais de vie ! L'avenir est là, là seulement, si cette renaissance tant espérée et un peu hâtivement proclamée doit se faire dans l'art de demain. Mais tout est, ici comme en tout et toujours, entre les mains d'une ou deux intelligences qui arriveront à temps, accaparant les labeurs épars des autres, les résumant et les fixant en traits définitifs, pour la plus grande signification de leur temps et pour la plus grande gloire de l'idée, ou — comme on disait jadis et beaucoup mieux, *ad majorem Dei gloriam.* En tous cas, l'art de demain sera aux simples, ou il ne sera pas. En peinture, comme en musique, comme en tout, je crois, le prochain génie sera très clair, et rejettera toutes les complications où nous nous débattons. Et si, grâce à lui, l'art, en France, fidèle enfin à la tradition et au génie français, revient aux idées claires et aux simples actions, aux actions simplement humaines, l'effort de ces dernières années n'aura pas été inutile, ni vaine la lutte passionnée de quelques nobles artistes, — ou de leurs serviteurs.

V

En résumé, le passé tout entier témoigne de la vérité de cette affirmation : que rien ne s'est fait de durable en art sans l'enveloppe, et pour ainsi dire la protection d'une forme belle ; et si les luttes et jusqu'aux défaillances du présent ne suffisaient à en démontrer l'impérieuse nécessité, c'est que l'art, par son idéale essence, serait destiné à périr un jour de la victoire du réel ou plutôt, se spiritualisant de plus en plus au milieu d'un univers façonné par une science de plus en plus positive, devrait finir et disparaître, faute de pouvoir trouver une forme qui le contienne, et un métier qui le formule. Est-ce une illusion ? mais à regarder l'histoire sous cet angle particulier, de l'époque la plus lointaine jusqu'à nos jours, toute la généalogie des idées apparaît parfaitement claire, de l'art le plus simple au plus compliqué, du plus réel au plus spiritualisé, du plus matériel au plus psychique, j'entends de l'architecture à la musique, comme j'essaierai de le démontrer. Tous variés, tous semblables, ils obéissent à la même loi ; ils s'enchaînent dans l'histoire ; ils se lient et se suivent dans une sorte de progression en esprit, qui n'est sans doute qu'une hiérarchie en idéal. Ainsi le roman de l'art apparaît connue un livre magnifique et si bien conduit qu'on pourrait conclure, tant la déduction en semble logique et inévitable, du commencement à la fin du volume, du passé de l'art à son avenir.

L'avenir de l'art ! quel inconnu en face de cet autre inconnu qui a passionné tant d'audacieux esprits et qui menace d'enflammer le monde, l'avenir de la science ! Si ce dernier aujourd'hui, après un si subit progrès moderne, semble à quelques-uns plus assuré — qui sait pour combien de temps ? — comme l'autre encore demeure mystérieux, attirant et fort, désespérante énigme où se cache le problème le plus haut peut-être, puisque sa solution entraînerait en un sens celle du problème de l'âme ! Quel sera ce *demain* de l'esprit, auquel nous travaillons tous ? Après tant d'efforts, où allons-nous ? Après tant d'œuvres, que faisons-nous ? Ah ! la noble et féconde inquiétude fuite d'espérance, de regrets, et d'une infinie tendresse ! A cette question, que du moins chacun de nous se pose, en ce moment où la science a posé toutes les questions, — sans en résoudre assez, — et que le temps résoudra peut-être tout autrement que nous le pensons, il n'y pas, aujourd'hui plus qu'autrefois, de réponse absolue, définitive. Chacun y répond selon sa nature, toujours avec son sentiment personnel, son tempérament, mais aujourd'hui plus qu'autrefois peut-être avec je ne sais quelle commune inquiétude, et cette vague intuition qui ressemble à l'instinct de l'oiseau pressentant l'orage. C'est en cela surtout que la parole de Pascal est si vraie : « Le cœur a ses raisons que la raison ne connaît pas ! » J'ai grand'peur que l'Art ne vieillisse avec la joie, avec l'amour, avec la foi. Ce n'est pas, sans doute, pour l'heure prochaine. Mais on sent venir le soir. La lumière, vainement, est plus douce, plus dorée, plus chargée de senteurs et de murmures ; elle s'éteindra ; et les fleurs d'âme se fermeront dans la nuit.

Les groupes d'idées qui font les civilisations, les religions, les philosophies, et, partant, les arts, doivent avoir, comme les groupements d'hommes qui font les nations, une vie propre, soumise à la loi de toute existence particulière, qui les fait ressembler à l'individu isolé, et comme lui, naître, croître et décroître, et mourir. L'humanité, dans son ensemble, aura, en fin de compte, ressemblé au prototype, à l'homme, lorsque, après être née à une vie collective, comme il est né à une vie personnelle, elle aura grandi, progressé, puis vieilli, et s'éteindra après avoir épuisé sa raison d'être. Je crois que le monde des idées est régi par la même force, et subit la même destinée. Je crois que, dans l'ordre de croissance de l'esprit, l'état de conscience succédera à l'état de croyance, c'est-à-dire le savoir à l'instinct, ou encore la science à la foi. Et je crois, par conséquent, que, sous toutes ses formes, l'art, qui n'est qu'un acte de foi perpétuel, sera remplacé un jour par la science qui, sous tous les aspects qu'on puisse supposer, ne saurait être qu'un acte de raison progressif. Encore est-ce s'exprimer avec une certaine impropriété de termes que de dire que l'art sera « remplacé » par une autre forme de l'esprit humain ; il en sera suivi, comme l'aurore est suivie du jour. La virilité d'un homme ne supprime pas son enfance ; elle en est l'éclosion, l'aboutissement logique. Il se peut que l'art, cette parure d'un monde encore jeune, cette joie d'une humanité-enfant, ait contenté pendant des siècles et charme encore un temps cette pauvre humanité qui devient adulte, mais qui veut encore, avant les heures cruelles, plus de parfums que de pensées, plus d'amour que de preuves. L'art aura été la fleur du monde à qui le fruit de l'arbre symbolique est promis. Le monde, au jour final, le monde arrivé à sa conclusion, gardera-t-il trace des promesses parfumées de l'origine ? En tous cas, l'art, cette vieille et chère habitude d'amour, — une mauvaise habitude de l'esprit, dira le demi-savant de demain, sinon le savant complet de l'avenir, — est encore trop intimement lié à la vie sociale des peuples pour qu'une révolution scientifique, même très violente, l'en déracine si vite. La chose arrivera, c'est infiniment probable ; mais ce sera long. Le beau résistera très longtemps. De toutes les religions, ce sera sans doute la dernière vaincue. Et, en attendant, nos sociétés vieillissantes s'y rattachent avec une exagérée passion, comme ferait une mère pour un enfant délicat, déjà malade. En vérité, on aime avec affectation les artistes aujourd'hui. On les aime trop, ce qui est les aimer mal. Ils auront été les enfants gâtés de ce siècle, où, trouvant la vie de plus en plus laide, on croit, en se réfugiant dans les arts, quelques-uns par goût véritable, beaucoup par mode, y trouver ce qui reste de beauté dans le monde. Hélas ! c'est encore une illusion ! Ce qu'on aime de ces artistes, ce n'est pas leur émotion, ce n'est que leurs gestes ; ce n'est pas leur âme profonde, mais bien leur adresse à amuser la foule ! Le mauvais côté *artiste* — un artiste aura bien le droit de l'oser dire — le côté *cabotin* de l'intelligence, c'est tout ce qu'on en recherche, et ce qui divertit, — et ce qui corrompt. Le châtiment certain, fatal, c'est la décadence. D'ailleurs le temps marche, et l'homme invinciblement est poussé vers la vérité *prouvée*, vers la science positive, dont la vérité *sensible*, c'est-à-dire l'art, n'aura été qu'une préface, une sorte de longue et délicieuse enfance. On pourrait dire que, pour l'homme de l'avenir, la Beauté n'aura été que la promesse de la Vérité future. A moins d'un renouvellement imprévu, toujours possible cependant, de nos races bien fatiguées, il y a des chances pour que nos arrière-neveux voient les derniers artistes. Notre civilisation, si belle, trop belle, jouit de son reste. Et ce *reste* est encore très intéressant, quelquefois très noble, encore que bien agité, et inquiet, et maladif, ce qui, j'en ai peur, est un signe de vieillesse. Une société trop affinée, trop sensible est mûre pour la décadence. Il en est des races comme des individus ; la plus grande activité cérébrale n'est obtenue qu'aux dépens de la moelle. Le public lui-même n'est-il pas, dans sa passion actuelle de l'art, — toute *cérébrale*, si peu émue, — où entre une si grande part de *mode*, plus curieux de ses manifestations bruyantes et amusé de ses excentricités qu'épris de sa grandeur véritable et de son but moral ?

Quoi qu'il en soit, j'imagine qu'il ne faut pas négliger cette momentanée renaissance du goût pour les choses intellectuelles, et belles, et délicates. C'est au moins un arrêt dans la descente à l'universelle médiocrité que nous prépare la démocratie — oh ! sans doute pour le plus grand bien-être des hommes, mais combien peu pour la beauté de l'être ! — La nécessité de l'avenir, est-ce donc la tristesse dans l'uniformité, ce qui est bien le vrai sens de la satisfaction dans l'égalité ?… Ce serait à désirer les barbares, en vérité ! mais ils viendront, sans qu'on les appelle. Seulement, ce sera sous une autre forme. Les *barbares* d'autrefois seraient encore trop beaux pour nous. C'étaient les Huns aux longs cheveux, les Goths puissants, les Celtes au poil blond, brisant les chères images avec une superbe ignorance, héroïquement brutes, et triomphalement enfants ! Ils infusaient aux peuples las de servitude heureuse, un beau sang jeune et sain. Ils apportaient quelque chose du vent vivifiant des forêts primitives. Les nouveaux barbares, les *nôtres*, ce seront les épuisés de la civilisation cruelle, les infirmes du progrès, les déshérités de l'intelligence, toute cette marée montante des ouvriers, exploités par l'égoïsme, meurtris par la vie, usés par la machine ; tous les souffrants sans illusion, tous les pauvres sans foi, pâles, tristes et laids ! Légitimement impitoyables pour l'inutile rêveur, logiquement las des supériorités, ils élimineront avec tranquillité toute exception, artiste ou penseur. Soupçonneux de l'esprit, jaloux de la joie, inquiets de la beauté comme d'une dernière résistance, et par-dessus tout conséquents avec leur haine et leur misère, ils briseront nos rêves dans nos œuvres, indifférents aux belles choses, ces vains témoins du besoin d'aimer dans l'infini !

Qu'y pouvons-nous ? Rien sans doute, en apparence, puisque la *machine* du monde qui marche broie nos rêves supérieurs avec nos vaines résistances. Le philosophe, le poète, l'artiste sont les éternels vaincus. Qui sait pourtant si de ces défaites successives ne se fait pas secrètement, patiemment, la victoire future, et de ces minorités accumulées la spirituelle souveraineté ? Et puis, en attendant les barbares, il n'est pas sans quelque plaisir raffiné de deviser des choses pures, d'art et de foi ; de parler, pendant qu'il en est temps encore, de formes aimantes, de couleurs heureuses, de sons bien-faisans. Des artistes au public, de ces isolés à la foule, peut venir encore peut-être une parole de consolation et de joie. Au milieu de l'humanité qui marche, les artistes sont les chanteurs de la route ! Ecoutez leur chanson ; ne l'analysez pas toujours ; ne la disséquez pas sans cesse ! Il ne faudrait juger les hommes que pour l'utilité ou le charme de leur *partie* dans le concert universel. Il ne faut aimer les œuvres que pour ce qu'elles représentent de vérité momentanée, mais d'amour éternel dans la continuelle évolution des choses.

S'il est, en effet, une originale et saisissante conquête de l'esprit moderne, en fait de méthode intellectuelle ou scientifique, c'est bien celle qui consiste à expliquer par l'évolution les lentes transformations des êtres subissant l'influence des milieux. L'histoire des idées doit obéir à la même loi. Venise, au XVIe siècle, explique le Véronèse, comme Assise au XIIIe avait expliqué saint François. En appliquant à l'histoire des arts cette théorie, si féconde ailleurs, on pourrait peut-être mieux montrer la marche de *nos arts* dans l'humanité ; comment ils ont toujours et uniquement traduit les aspirations spirituelles et embelli les besoins matériels — pour mieux dire trahi les habitudes et reflété l'âme — de chaque groupe d'hommes à l'origine, puis de chaque cité, à mesure que la race humaine s'organisait, puis de chaque nation jusqu'à nos temps ; et comment aussi peut-être, après avoir été un jour la suprême expression, et sous une forme plus universalisée puisqu'elle aura été plus immatérialisée, d'une collectivité de plus en plus grande, ils sont destinés à disparaître, — ou à se transformer.

Et c'est en ce sens qu'à côté des grands problèmes sociaux, le problème de l'Art parallèlement se pose ; l'avenir de l'Art me paraît indissolublement lié à ces hautes questions de religions et de foi, de croyances et de vérité ; il n'échappera pas à la terrible loi d'unification que semble poursuivre la Nature, et, comme elle et au-dessus d'elle, la conscience humaine, poussées toutes deux vers un but encore invisible, à peine occupées de la continuation de l'espèce et de la continuité de l'idée, sans pitié pour l'individu. Or, l'Art n'a jamais vécu que de diversité, que d'individualité. Toute unité le tuera. La science abstraite en est purement la négation. C'est de la perpétuelle bataille des idées personnelles et des visions particulières que naît la vie, en art, et qu'ont jailli les superbes renaissances après les longs abaissements, mais non le progrès. Car il n'y a pas, il faut avoir le courage de le dire, il n'y a pas de progrès artistique ; il n'y a que des réactions successives d'un extrême à l'autre de l'idée, et des êtres qui passent, égaux en réceptivité, pour ainsi dire, dans des milieux différents, et qui formulent ces réactions à d'inégales et imprévues distances. Et c'est bien là, par opposition à la science, toute la faiblesse de l'Art dans un avenir conçu comme toujours perfectible. Et c'est encore ce qui me fait croire et dire, — au risque de passer pour un mauvais serviteur d'une cause qui m'est chère, — que les Arts, après avoir commencé par être matérialistes, deviendront de plus en plus spiritualisés, se réfugiant de plus en plus dans l'idée pure, jusqu'à ne plus chercher dans la matière l'indispensable point d'appui, et retournant d'abord au symbole d'où ils sont sortis, finiront, faute de pouvoir trouver une forme assez immatérielle de leur essence, par s'évaporer comme un trop subtil parfum.

Il n'y a pas, ai-je dit, de progrès en art. Qui oserait soutenir qu'il y ait un progrès des sculptures de Phidias aux plus belles des œuvres de sculpture de nos jours ? Michel-Ange, qui pourtant portait en lui un idéal supérieur, l'idéal chrétien, a-t-il été supérieur à Phidias ? Je ne le crois pas. Ce serait peut-être que la forme même de l'art du sculpteur ou sa matière, ne pouvait se prêter aux transformations, aux déformations, si l'on veut, imposées par la complexité croissante d'un nouvel idéal. La beauté morale exigée par une religion qui, apportant la pitié au monde, allait changer le monde, serait-elle exprimée dans le marbre ou le bronze avec la même perfection que l'antique sérénité païenne ? On en peut douter. Et ce serait encore que l'idéal de cet art de la sculpture ayant été rempli complètement à un certain moment de l'histoire, l'effort de la Beauté absolue à conquérir s'est transporté dans une autre forme d'art, plus complexe ou plus complète, comme on pourrait le dire, par exemple, de la Peinture, qui, en ajoutant aux formes les couleurs, et en interprétant les réalités tangibles dans l'espace sur des surfaces planes et conventionnelles, acquerrait une sensibilité beaucoup plus grande mais plus fragile à la fois. Et voici que nous suivons ainsi, très nettement, la constante progression en idéal dont je parle.

En revanche ne peut-on pas prétendre qu'on n'a jamais atteint à d'autres âges un sommet égal à celui-ci : la neuvième symphonie de Beethoven ? La littérature même n'est encore qu'une grandeur nationale ; la musique est déjà une langue universelle. C'est une forte présomption en faveur de cette hypothèse, que la suprématie artistique doit passer à la forme d'art la plus capable de rendre les sensations et de satisfaire les besoins spirituels de civilisations de plus en plus complexes, et tourmentées. C'est tout ce que je veux dire ; et si toutes les formes d'art continuent, naturellement, à coexister et à être exercées concurremment dans toute société organisée, un jour viendra où, cette sorte de royauté de la pensée ayant passé successivement à chacune de ces formes de l'art, le cycle étincelant se fermera, à moins que les barbares ne viennent labourer si bien les champs usés et les cœurs las, qu'y puissent germer de nouvelles moissons et des désirs nouveaux. Déjà, dans nos sociétés ébranlées, vieilles surtout d'avoir trop vécu, s'élève un parti menaçant, à peine politique, avide, pressé et logique, qui promet aux misérables et aux déshérités leur tour de jouir, après la venue du *grand soir*, et non plus aux humbles le royaume du ciel ! Le mot, pour être d'une poésie farouche, est peut-être plus vrai qu'on ne pense. Le ciel du monde devient rouge, et si le soir doit bientôt venir du grand jour que nous voyons, et la chute du mouvement intellectuel que nous finissons peut-être, l'art se couchera pour mourir, comme un grand chevalier qui se couche tout armé, et ne peut survivre à la défaite de l'amour ! Pour mourir, ai-je dit ? Pour dormir peut-être, jusqu'à ce qu'un génie le vienne réveiller, ou un dieu !

Il n'y a, en effet, qu'une religion neuve, ou, si l'on veut, une forme nouvelle de la religion éternelle, qui refera des idées, des civilisations, des arts. Hors d'une conception quelconque de la divinité, il n'y a pas d'idéal possible, et par conséquent pas d'art. Reste à savoir s'il y a une forme de croyance, un moule de religion capable de contenir le postulat de l'avenir, quel qu'on le puisse supposer. A cette question, il n'y a que deux réponses, s'excluant définitivement : la chrétienne, qui est affirmative de la continuité du règne de Dieu jusqu'à la fin des temps, et l'*autre* qui n'a vraiment pas encore accumulé assez de preuves pour être crue, ni assez d'amour pour être obéie. En attendant, l'art se meurt, avec bien d'autres choses, d'infidélité. On pourra réprouver et combattre cette hypothèse. Qu'on me permette seulement d'essayer ici d'y apporter quelques preuves, les unes de sentiment, les autres d'histoire. Du moins, si elle ne satisfait pas de bons esprits, elle donne, pour quelques-uns, à l'histoire des arts un charme particulier, noble et un peu mélancolique, pareil à celui qui monte au cœur devant un beau coucher de soleil, alors qu'on attend la nuit qui repose avec l'incertitude vague et le secret espoir de voir recommencer le jour. L'art est comme ce soleil de vie. La suite de ses formes successives apparaît semblable à la progression harmonieuse des années dans une longue existence. C'est une parfaite joie intellectuelle de revivre ces belles heures du monde ; et, quoi qu'il advienne de nos regrets et de nos rêves, il nous reste toujours, de les avoir connues, quelque chose de grand dans l'âme.

II. L'ARCHITECTURE [1]

I

L'architecture est à la base et au sommet de toute civilisation. C'est le premier des arts, dans tous les sens : priorité de date et primauté d'importance. C'est l'art *contenant*, où vivent et se développent tous les autres, *contenus* dans sa masse, et issus de ses transformations. Il exprimera donc en hauteur de pierres toutes les tentatives et tous les besoins des hommes, c'est-à-dire toute leur histoire, comme le livre l'exprimera en profondeurs d'idées, comme la musique un jour peut-être en supérieures sensibilités. Car il est possible que tout se succède ainsi — ou se remplace — et selon le mot fameux : « Ceci tuera cela. » La trop grande intellectualité du monde vieillissant tuera la primitive naïveté nécessaire aux arts simples ; la force expansive, toujours plus tendue, de l'Idée, brisera le moule des vieux arts plastiques.

L'architecture aura été très longtemps le plus beau livre des hommes ; et c'est encore aux flancs des successives constructions qu'il faut apprendre à lire l'histoire vraie de tous les peuples, sous le symbole des pierres, plus sincères que les hommes. De l'antiquité fabuleuse et de l'Orient mystérieux arrive jusqu'à nous la grande leçon des arts ; toute grâce est venue des chemins du soleil. L'architecture est née le jour où l'homme, levant la tête vers le ciel, regarda, à travers la haute voûte des arbres primitifs, l'intangible coupole, ornée d'astres, et résolut d'en élever une semblable pour son maître invisible et redouté, pour un Dieu dont il ne connaissait encore que la force, mais dont il pressentait déjà la bonté.

Ainsi chaque peuple a eu l'architecture qu'il méritait. Navigateur, nomade, rêveur, c'est-à-dire idéaliste, ce sera ce peuple phénicien, apportant sur la mer, par le bleu chemin des îles, à la Grèce naissante, le culte poétique d'Astarté, « née de l'écume des flots » et sans doute le premier plan du temple de la belle déesse ; ou bien le juif, toujours en route au milieu du désert, avec son arche d'alliance, coffret en bois de schitime plaqué d'or, où le terrible Jéhovah, sans cesse présent, vivait au milieu de son peuple errant, jusqu'à ce que la châsse portative où étaient enfermées les tables de la Loi, déposée, de halte en halte, dans le Tabernacle provisoire des Israélites, aboutisse, dans les jours de gloire, au Temple de Salomon ; ou encore le Chrétien, cherchant en vain, pendant des siècles, dans les cellas retournées ou les basiliques désaffectées du paganisme mourant, une demeure pour l'abstraction vivante de son Dieu, un temple pour la nouvelle, l'indispensable Charité, jusqu'à ce qu'il trouve, par un merveilleux effort de génie et de foi, la voûte démesurément exaltée sur l'ogive, et force la pierre à loger la pauvreté divine, à raconter la pitié sainte, à exprimer en formes extérieures l'intérieur amour.

Commerçant, guerrier, politique, c'est-à-dire matérialiste, ce sera ce peuple romain, qui, à force d'orgueil et de richesse, prendra le monde, mais abâtardira les dieux, les idées et les formes. Entre ces deux types, à l'intersection de ces deux extrêmes, aura vécu, pensé, — et bâti, — la race fine et privilégiée des Hellènes, poétique encore par la mystique initiation de l'Orient, déjà grave et mesurée à l'approche de la raison, promise à l'Occident laborieux. Peut-être est-ce à cette double influence qu'ils doivent d'avoir été les plus clairs penseurs, et les constructeurs les plus simples.

En somme, tous les peuples victorieux ont été de grands *bâtisseurs* ; mais ils se divisent toujours en deux catégories très distinctes, selon le point de départ de leur conception morale ou sociale. Les uns suivent un prophète, divinisent un héros, écoutent un poète ; ils construisent pour une idée, pour une déesse, sous la poussée de je ne sais quelle unanime passion de l'honneur, de la foi, ou de la beauté. C'est Thèbes, ou Jérusalem, Athènes, Florence… ou Paris. Tous glorifient la pensée, et déifient la femme : Isis, Athèna, Marie. Leurs œuvres sont faites d'émotion et de mesure ; leurs temples peuvent être petits : ils sont toujours beaux. Les autres adorent la force, suivent l'orgueil, ou déifient l'or. C'est Babylone ou Ninive, Rome, Carthage… ou Londres. Leurs œuvres sont des monuments passagers de guerre, de négoce, ou de vanité ; leurs temples peuvent être colossaux ; ils sont médiocres toujours.

La valeur *symbolique* des monuments, — des modernes aussi bien que des anciens, — sera donc exprimée par leur place *historique* et par leur perfection *technique*. Ils ne sont, et ne durent, que si leur forme matérielle est réalisée sous l'action d'une volonté consciente, qu'elle vienne d'un individu ou d'une collectivité ; et selon des principes exacts, mathématiques, semblables aux forces qui régissent la nature même, aux lois statiques qui font tenir debout la forêt idéale, d'où va naître la réelle architecture. Ils ne sont *significatifs* que s'ils gardent en leur masse, que s'ils enferment en leur réalité quelque concordance avec l'absolu, quelque lien avec l'inconnaissable, dont l'architecte qui les construit est le porteur instinctif et prédestiné, — j'entends quelque chose de cet impondérable pouvoir qui fera germer et croître, au moment nécessaire, la forêt, le temple, la cathédrale. Ils ne sont *beaux*, enfin, que s'ils contiennent, avec l'âme de leur temps, le cœur et le sang de cet artiste, de ce prêtre d'un jour qui est chargé d'expliquer dans la pierre, comme d'autres dans le texte sacré, l'Esprit et le Verbe, de ce créateur d'une heure qui n'a pu communiquer de vie aux choses qu'en leur donnant toute la sienne et laisse à jamais de ce don de lui-même quelque chose d'humain à la cathédrale, au temple, à la forêt.

Cette triple condition de stabilité matérielle, de beauté logique, et de signification morale, est une primordiale *trinité* de poids, de nombre et de mesure. La forme trinitaire des plus lointains dogmes atteste ce principe primordial de la division des forces et les constructions les plus anciennes en ont, dans leur forme aussi, conservé la primitive empreinte. Le principe d'un pouvoir unique en trois espèces a déterminé les monuments religieux, en même temps qu'il organisait les croyances populaires. Ce ne sont peut-être que des emblèmes, mais si les édifices en gardent la trace, comme d'un moule préhistorique, la preuve est faite que, dans les grandes lois générales de proportion, et par conséquent de beauté, tous les types en découleront désormais, et que l'architecture en conservera le signe originel sous toutes les transformations. Peut-être ces trois anciens symboles sont-ils les révélations premières de simples lois statiques. Les trois dimensions de hauteur, de largeur et de profondeur, les seules que notre esprit puisse concevoir, sont une trinité physique absolue. Et voici que l'histoire de l'architecture apporte la première preuve, et la plus palpable, à cette moderne affirmation de la continuité de l'idée, — dans la continuation de l'espèce, — à travers l'histoire des races, des arts et des sciences. L'enceinte triple du temple de Salomon engendrera, sous l'influence de la transformation dogmatique et sociale, les trois nefs de la cathédrale chrétienne. Entre les deux types, tous deux d'origine asiatique, se sera lentement formé le temple grec, avec sa cella flanquée des deux péristyles latéraux à colonnades. Et l'Église, qui moralement sort du temple de Salomon, architecturalement sort du temple païen [2]. Bientôt le Christianisme entrera triomphalement dans la société, telle que l'aura constituée la puissante civilisation romaine. Le Christ vainqueur passera sous l'arc aux trois portes des Césars, et, dix siècles plus tard, la façade des cathédrales gothiques ouvrira encore, au milieu des villes, ses trois baies ogivales, pleines d'ombre, de statues et de mystère, par où sortira Dieu sur la place populaire, par où rentrera la foule dans la maison protectrice du Seigneur : au milieu la porte du clergé, porteur des reliques, à droite la porte des hommes, à gauche la porte des femmes.

De la trinité des *ordres* antiques, sortira de nouveau l'art moderne, comme le triangle, dans la colossale pyramide égyptienne, ou dans le noble fronton grec, sera la figure génératrice, l'idée mathématiquement exprimée, en un mot le symbole. En ce sens, la colonne grecque est à la fois le plus beau symbole et la plus fière réalité. Image du tronc primitif dans la forêt inanimée, et de la tête de l'être vivant, elle porte, elle demeure, elle vit. C'est l'arbre avec quelque chose d'humain. Toutes les races antérieures aux Grecs l'avaient pressentie et ébauchée en des exemples, toujours par quelque côté imparfaits. Seul ce petit peuple dorien, envahissant et sobre, résumant d'un coup les tentatives précédentes, inspiré peut-être aussi par de lointains souvenirs égyptiens, touche à la perfection, et concentrant en une merveilleuse synthèse de simplicité logique tous les éléments d'ornements alors connus, crée véritablement l'ordre-type, ce rude et franc *dorique* [3], que les Grecs appelaient en effet l'ordre-mâle, et dont ils aimaient la probe simplicité, exigeant dans l'exécution la proportion la plus précise, et la plus précieuse main-d'œuvre. L'ordre *ionique* [4] était l'ordre élégant, plus souple, plus orné, l'ordre-femme. Vous souvient-il aussi de la légende qui conte l'invention du virginal chapiteau, dont les fines acanthes ont fleuri par toute la terre ? Une jeune fille de Corinthe, étant sur le point de se marier, mourut subitement ; et sa nourrice, ayant réuni tous les objets chers à la pauvre morte, les plaça dans une corbeille, qu'elle déposa à l'endroit où le corps avait été inhumé. Puis elle recouvrit la corbeille avec une large tuile. Une plante d'acanthe poussa tout à l'entour, et enveloppa de ses larges feuilles le monument imprévu. Le sculpteur Callimaque, architecte et peintre — et de tout cela un peu poète sans doute — vit la gracieuse combinaison du hasard et du printemps, et, imaginant de la copier, en fit le chapiteau *corinthien*.

La colonne est ainsi constituée sous les trois espèces. Le chapiteau en est l'efflorescence suprême ; la tête symbolique qui va soutenir le fronton, porteur de la dédicace et de l'*idée* figurée. Il a ses lois de croissance et d'éclosion, par rapport au poids réel et au poids spirituel qu'il doit supporter. Sa mesure et sa forme seront proportionnelles à l'entablement qu'il soutient, symbole lui-même de ce qu'il raconte d'humanité, et de ce qu'il encadre de foi. Et le fronton a son secret comme la colonne : le rapport absolu entre les angles inflexibles de son triangle, figure mystique, est enfermé dans un nombre encore mal connu, mais certain. Comme un grand oiseau aux ailes éployées, il est venu se poser sur les tiges fleuries qui sont les colonnes ; et le repos, sur les fleurs humaines, de l'aigle divin, a donné à la fois au fronton sa forme, sa mesure et son beau nom primitif [5].

Bien avant que les règles aient été posées, ou plutôt les dogmes fixés de l'architecture humaine, et cela par le génie d'un peuple qui semble avoir eu la mission prédestinée d'apporter au monde l'idée d'art parfait, comme le peuple juif eut celle de promener sur la terre l'idée du Dieu unique, la pyramide apparaît dans les temps les plus reculés, comme l'expression architecturale la plus simple. N'est-elle pas restée une des plus belles ? C'est le tumulus primitif, à peine régularisé, mais par cela même jugé et corrigé — synthétisé — par le premier architecte. Admirez encore comme, d'une simple loi de mouvement, l'inclinaison naturelle sous un angle de 45° de la chute des terres, l'homme fait sans le vouloir, d'abord sans le savoir, un emblème et une règle, bientôt un dogme architectural [6] et l'ayant fait, s'en étonne et l'admire, et reconnaissant une loi supérieure, dont ce qu'il appelle beauté n'est que la résultante, l'emploie en signes construits et la consacre aux héros qu'il déifie.

Ainsi les premières tombes devinrent un jour les premiers temples ; et ce sera sur des tombeaux toujours, — tombeaux de héros et de prophètes ou sépulture d'un dieu, — que s'édifieront les plus nobles monuments des hommes, depuis l'hypogée jusqu'à la mosquée, depuis le tumulus héroïque jusqu'à la cathédrale chrétienne. La butte de terre, (GREC), entourée d'une palissade circulaire, sous laquelle Achille fit enterrer Patrocle, devant les murs de Troie, engendrera les tombes circulaires de Mycènes, et deviendra avec les siècles la colossale rotonde où dormit Hadrien près du Tibre jaune. L'impératrice Hélène se souviendra de ces formes et fera élever sur la sépulture du Christ, à Jérusalem, un monument pareillement rond ; et Byzance y trouvera l'idée et les points d'appui de la coupole de Sainte-Sophie. Un sarcophage païen, où reposaient les ossements d'un martyr, au fond des catacombes de Rome, sera recouvert un jour d'une table de marbre, pour la célébration secrète des nouveaux mystères, et l'autel chrétien sera trouvé. La secrète raison des formes est toujours enfermée dans l'enchaînement logique des idées. Ainsi, la cabane en bois de grume et en boue aboutit au Parthénon triomphal, et de même, la figure pyramidale, chère aux Égyptiens, persiste sous le temple hellénique, comme, après quatre mille ans d'art, elle renaîtra dans l'élancement joyeux et pensif du clocher gothique. On sait qu'une étude plus attentive du Parthénon a fait reconnaître que toutes les lignes verticales de sa construction convergeaient un peu vers un sommet de pyramide idéale [7], comme si tout l'effort de sa masse montait lentement vers l'idée, — convergeait dans l'azur !

C'est qu'aussi bien, toute architecture est un *surswn corda* de la matière. Depuis la hutte préhistorique où l'homme redresse dans l'espace le premier arbre tombé, jusqu'à la cheminée de l'usine moderne, l'exhaussement des matériaux correspond à l'exaltation des efforts. Les sommets des beaux monuments, des monuments logiques, sont toujours des sommets d'idée. Si les premiers temples païens n'étaient que des maisons humaines augmentées, des *foyers* divinisés, la première église fut vraiment la *maison commune idéalisée*. Et successivement ainsi, on peut suivre, dans le livre des monuments, le développement de la *cité* antique autour de son temple et celui de la *nation* moderne autour de son église, comme on suivra, demain, la croissance rationnelle de l'humanité autour du symbole nouveau. Et c'est pourquoi je le dis, architecte ou poète, — car tout monument a son rythme et sa poésie, — ne doute pas de la présence du symbole jusque dans les ouvrages les plus simples de ton métier, non plus que de la nécessité de l'enthousiasme dans les plus humbles efforts de ton art. Car derrière les conditions statiques de tout ce qu'on a édifié, se cachent des lois certaines de beauté, et derrière ces lois encore, les raisons mystérieuses d'essentielle et supérieure signification. Tu ne comprendrais pas le sens sacré des murs où ont vécu, où ont pleuré, où sont morts des êtres, si tu en approchais avec orgueil ou avec mépris. Garde, au seuil de toute demeure, la simple humilité de l'admiration, qui seule fait des croyants et des heureux. Mais quel que soit ton rôle futur, poète de la pierre ou du fer, architecte nouveau, ne poursuis pas ton chemin, si tu n'es pas capable aujourd'hui, pour bâtir la maison de demain, de connaître l'énigme construite des grandes maisons du passé, de pénétrer l'âme des vieilles bâtisses, au-delà de leurs masses immobiles. Regarde toujours l'intention derrière la forme muette. Cherche la volonté d'un homme ou le consentement d'une foule derrière le mur silencieux. Si tu songes encore à tout ce que les pierres gardent du passage des hommes, tu auras l'intime intelligence des vieux monuments, qui t'apparaîtront comme des cristallisations nécessaires, à des moments donnés de l'histoire, de besoins passagers ou d'idées éternelles.

II

Sans s'attarder aux problèmes toujours obscurs des très lointaines époques, on peut dire que les origines orientales des religions, des civilisations, et par conséquent des arts, donnent une suffisante explication des plus anciennes traditions qui placent le berceau des races sur le plateau d'Asie. Les plus anciens types d'architecture connus sont certainement en Asie. L'Inde, la Perse, la Chine offrent des spécimens vraiment beaux d'architecture constituée, à des époques fabuleusement reculées, les plus anciennes sans doute, avec l'Egypte, si l'on néglige un état embryonnaire qui a dû être, dans tous les pays à peu près le même, à peine différencié par la nature des matériaux dans les climats différents, et caractérisé par la hutte primitive de l'homme se fondant un abri contre les éléments, l'inclémente nature, et les innombrables animaux, animal lui-même à peine supérieur. L'uniformité dans la grossièreté, tel a dû être le caractère premier de l'architecture de nos ancêtres très inconnus ; car la diversité, — l'individualité, — est déjà un progrès considérable qu'il a fallu des siècles sans doute pour conquérir et où l'on peut voir le commencement de l'art. Cependant les relations entre peuplades voisines, et bientôt les migrations à travers les mers, déserts mouvants plus faciles à traverser pour ces hommes encore à demi barbares que les montagnes et les forêts, rapprochèrent peu à peu les races qui s'ignoraient ; et de leurs besoins comparés — de leur mutuel étonnement — commença la grande lutte d'idées, de désirs et d'admirations, d'où allait éclore pour chacune d'elles un idéal de beauté. Et cet idéal, c'est l'art de l'architecture qui, le premier d'entre les arts, le formulera, aussitôt que se seront constituées une langue personnelle et une littérature poétique, nées elles-mêmes d'une religion dogmatiquement définie.

Historiquement, si puissantes et si longues qu'aient été les grandes civilisations orientales, si belles de culture ou si riches d'art qu'on puisse supposer et cette Chine mystérieuse encore fermée à nos curiosités, et cette Assyrie à demi légendaire, et cette Egypte même, dont l'éternel été et le silence éternel ont fait une grande nécropole endormie sous le poids du soleil, il faut bien dire que la Grèce seule est réellement pénétrée par nos regards de modernes, qu'elle est seule compréhensible complètement à nos races. Là commence vraiment notre histoire intellectuelle, là aussi commence seulement *notre art*. Tout ce qui avait précédé n'était qu'ébauches imparfaites et sans cesse recommencées du poème merveilleux qui allait enchanter le monde et l'enfermer, peut-être à tout jamais, dans le charme définitif et les chaînes secrètes d'une tyrannique Beauté. Un jour l'art grec prendra à l'Assyrie, à l'Egypte, à la Phénicie, leurs dieux et leurs modèles d'architecture ; mais il les humanisera conformément à son génie clair et sain ; il les sortira à demi du symbolisme asiatique précurseur en cela, plus qu'on ne pense, du futur rationalisme occidental. L'importance des influences orientales sur les origines de l'art grec est aujourd'hui parfaitement démontrée, et de remarquables études, en France, en Allemagne, en Angleterre, ont éclairé la question d'un jour tout nouveau. Mais ces études mêmes ont bien laissé voir qu'à la Grèce reste tout entier l'honneur de l'épuration successive de ces influences mêlées, de la simplification tranquille et radieuse qui, en quelques siècles, constitua le plus pur effort vers la Beauté et le plus logique, à coup sûr.

Le génie grec, s'il ne l'a pas inventée de toutes pièces, comme le prouvent les plus récentes découvertes, a du moins réalisé — et défini en une sorte de *canon* — la forme parfaite de la construction en pierre, ou en marbre. Et, de fait, depuis cet aboutissement logique de tous les essais antérieurs jusqu'à nos jours même, qu'a-t-on trouvé, hors de remploi des trois ordres, des trois émanations de la divine unité artistique ? Seule, l'architecture « ogivale » semble, à première vue, échapper à la régulière filiation. Nous verrons qu'elle ne diffère, au fond, de l'architecture antique, — et déjà merveilleuse est la part d'invention qui reste aux architectes chrétiens, — que par l'emploi de *points d'appui* nouveaux, ce qui est encore une conséquence et une image à la fois du point d'appui moral que prenait ailleurs, — dans l'espace, dans l'infini, — la religion nouvelle qu'il s'agissait d'exprimer en pierre et en art. L'architecture ogivale est fille chrétienne, revenue d'Orient ; mais nous retrouverons sous sa robe mystique, enrichie des broderies de Byzance, la structure rationnelle des beaux corps antiques, allongés sans fin sous notre pâle lumière, amaigrie jusqu'à l'impossible, aux rêves de la nouvelle foi. Donc, s'il est très vraisemblable que les modes de construction pratiqués en Orient, bien longtemps avant l'éclosion de l'art grec, surtout chez les peuples à organisation théocratique comme les Assyriens et les Égyptiens, ont dû procéder de principes très déterminés, presque hiératiques, dont les secrètes mesures nous resterons probablement inconnues, il n'en est pas moins certain qu'à la détermination des ordres par les Grecs, remonte la constitution rationnelle de l'architecture. Après la longue incubation commune à tous les peuples riverains de la Méditerranée orientale, qui dure du XVIe siècle avant Jésus-Christ jusqu'aux dernières années du VIIe, et dont on ne savait rien avant les récentes fouilles faites à Hissarlick, à Santorin, à Mycènes, à Spata, sous l'action vivifiante, incessamment renouvelée, — venue toujours par la mer, l'élément symbolique et bleu, — de Tyr et de Sidon, au moyen des échanges phéniciens, de Babylone et de Ninive, par les routes d'Asie Mineure, ces trop heureux Hellènes ont patiemment travaillé pendant trois siècles à la formation du type architectural suprême ; la gloire de l'avoir déterminé allait être réservée à la logique et religieuse croissance de leur idéal. Au milieu du Ve siècle, à ce moment unique de l'indépendance et de la joie d'un peuple héroïque, vainqueur enfin de ses voisins et de lui-même, maître de son sol, de sa poétique et de son art, se place l'événement architectural le plus considérable de l'antiquité — peut-être de l'histoire humaine en beauté — l'achèvement du Parthénon. L'Acropole d'Athènes, avec sa trilogie du Parthénon, de l'Erechtheion et des Propylées, est certainement un des sommets du monde intellectuel, un des points culminants du Beau.

Là, et peut-être là seulement, on comprend vraiment l'antiquité, à peine devinée dans le désert de Pœstum, ou parmi les grandes ruines de Sicile, plus rarement à Rome même où allait bientôt mourir l'idéal attique, en l'attente du nôtre. On fera, dans l'ordre calme et simplement statique de la construction rectiligne, des œuvres plus complexes ou plus riches ; on n'en fera pas de plus pures, ni de plus humainement belles, parce que celle-là est vraie humainement, — belle à la proportion de l'homme. J'entends qu'on en pourra faire de plus colossales, mais non pas de plus grandes, au sens de l'esprit. Il n'est que trop facile de trouver, à l'étude plus attentive des monuments-types dans l'histoire, la preuve évidente, et constante, que l'exagération des dimensions, le toujours *au-delà de la mesure*, dans la force aussi bien que dans la grâce, ne produit jamais que des disproportions et des anomalies, — en esthétique comme en histoire naturelle, des monstres. A Athènes même, l'Olympeion, achevé seulement du temps d'Hadrien, à quelques pas du Parthénon — à ses pieds — donne, avec des proportions qui devaient être beaucoup plus grandes, l'impression de quelque chose de bien moins noble, et d'un peu faux. On sait que la Madeleine est sensiblement plus grande aussi que ce même Parthénon. Que l'on mesure après cela la différence en beauté — *en signification* — entre un monument qui exprimait à son heure, dans toute la perfection possible, à un moment suprême de la vie d'un peuple, la foi, la volonté, la gloire et la richesse de ce peuple, et la copie glacée inutile surtout de ce monument, refaite après des siècles au milieu d'une autre atmosphère physique et morale, sans nécessité, sans conviction, sans foi ! Un Parthénon sans Minerve présente, un Parthénon sous la pluie de Munich, sous la brunie de Londres ou sous le rire de Paris, quel non-sens ou quelle contradiction, digne d'un savant peut-être, mais non d'un artiste !

Les Romains eux-mêmes, — qui furent d'ailleurs peu artistes, — conquérants, légistes, assez bons orateurs et excellents militaires, n'ont en rien *grandi* l'idéal grec, s'ils ont *agrandi* les proportions des temples et les étages des palais. Peut-être le plus beau monument de Rome, et le plus expressif, est-il le Colisée, comme les Thermes de Caracalla et le Cloaque Maxime en sont les meilleurs ouvrages. Et qu'est-ce encore ? Un temple pour la divinité, un mystique sanctuaire pour la Virginité, la Beauté, ou la Justice ? Non ! pas même le palais d'un héros, mais un cirque pour amuser le peuple ou l'abrutir, des bains ouverts à la foule par des tyrans, et un égout pour assainir l'ordure d'une plus ou moins servile agglomération ! Et de fait, les Romains n'ont guère innové que dans les édifices civils et d'utilité publique, ce qui est d'ailleurs une régulière conséquence de leur état politique et social, peu embarrassé d'idéal, mais constitué en vue d'organiser *civilement* et pratiquement la vie d'une population très dense, et selon des principes d'édilité qu'on appliquera plus tard aux énormes agglomérations modernes. Encore n'ont-ils échappé au reproche de plagiat et à cette fatalité de la banale copie, qu'en appliquant, pour la première fois sans doute d'une façon aussi logique et aussi pratique à d'immenses constructions, les formes, très anciennement connues en Asie, de l'arc et de la voûte, que les Grecs avaient négligées, sinon ignorées, comme déplaisantes à leur sain et vigoureux amour des lignes droites. Et d'où venait le principe de cette forme *en arc* que les Romains peu à peu substituèrent à la plate-bande ? de l'Étrurie sans doute, habitée depuis longtemps par un petit peuple encore mal connu, dont on commence cependant à démêler les origines, phéniciennes pour le moins autant que grecques, et qui aurait ainsi pris à de lointaines traditions d'Asie l'art de bâtir avec la voûte et l'arc. Ainsi de l'Orient toujours, par-dessus la civilisation grecque, vient en Italie la grande leçon, apportée par ces Phéniciens, véritables commis voyageurs de l'antiquité, colporteurs de bijoux et d'art, de denrées et de dieux. D'autre part, la plupart des œuvres romaines ont été faites par des architectes venus de la Grèce, au service des nouveaux maîtres du monde, de sorte qu'entre ces deux influences, parfois contradictoires, il est advenu que l'art vraiment romain ne fut jamais ni très pur ni très personnel. Il faut dire pourtant qu'en améliorant, sinon en inventant, le système des *voûtes*, pratiquées, non plus par assises horizontales[8], mais au moyen de pierres taillées en voussoir, et en l'appliquant, le plus souvent avec l'aide d'un ciment très dur, à toutes les variétés possibles de constructions, il ouvrit la voie, avec une audace et une perfection technique destinées dans l'avenir à d'immenses résultats, au futur art *roman*, d'où sortira l'art gothique, et à la plus *romaine* renaissance d'où sortira l'art moderne. Les Romains furent, à vrai dire, les premiers utilitaires, — les premiers matérialistes. L'influence sémitique qui avait laissé encore un charme mystique aux monuments des plus rationnels pourtant parmi les peuples helléniques, les Doriens, ne paraît plus avoir d'action sur l'art des Romains ; et il faudra que l'empire des Césars, trop grand pour la seule Italie, étouffant dans l'Occident vaincu, s'en aille porter ses dieux à Byzance, à la porte d'Asie, pour y retrouver le sens mythique des formes, et le symbole oriental des proportions. C'est, en somme, ce retour historique, en Asie, du plus grand pouvoir politique constitué, qui va changer complètement l'art, alors qu'il semblait voué à de perpétuelles répétitions, et renouveler l'architecture, épuisée de chefs-d'œuvre. Le monument type de ce curieux moment dans l'histoire de la transformation du monde, c'est Sainte-Sophie, l'énorme et incorrect chef-d'œuvre byzantin, où se mêlent d'une étrange façon aux principes déjà mal observés d'un style classique en pleine décadence toutes les audaces de construction et toutes les fantaisies décoratives de la Perse voisine, où le bel art païen redevient, après des siècles, tout oriental, avant de se faire chrétien. Le grand style antique se meurt dans l'Occident abandonné ; les empereurs, déserteurs de Rome, en dévalisant la Ville Eternelle et la Grèce de leurs statues et de leurs trophées, n'en ont emporté que le marbre et le bronze, et en ont laissé l'âme. En vain Constantin dédiera une *basilique*, imitée tout à la fois du temple et du palais romain, à la sagesse de Dieu, (GREC) ; Justinien qui, deux cents ans plus tard, le relèvera de ses ruines, avec la volonté d'en faire « le plus magnifique monument qu'on ait fait depuis la création », accumulera les marbres, les onyx et les ors, couvrira les coupoles de mosaïques patientes, merveilleuses et enfantines, mais ne fera qu'un monument hybride, — prodigieux, étincelant et barbare, — très riche, mais non point très beau. Lorsque seize ans après avoir été commencée [9], Sainte-Sophie était achevée et dédiée avec une solennité inouïe. Justinien revêtu d'habits sacerdotaux, et bien plus semblable sans doute à une satrape d'Orient qu'à un empereur romain, put courir à l'ambon incrusté de pierres précieuses et de métal, et plein d'admiration pour son œuvre s'écrier : « Gloire à Dieu qui m'a jugé digne d'accomplir cet ouvrage ! Je t'ai vaincu, Salomon ! » Il ne voyait pas la décadence qui montait autour de lui ; il ne savait pas que sous ses yeux à ce moment même s'accomplissaient la mort d'un art et la naissance d'un autre, et que la suprême expression, en architecturale beauté, de l'idéal nouveau était promise à l'Occident rêveur, passionné et sincère. Saint-Vital [10] de Ravenne, comme Saint-Marc de Venise, sont les transplantations, en Italie, de l'asiatique Sainte-Sophie, témoins isolés, mais combien précieux, de la timide rentrée de l'Empire sur son ancien sol. Par cette fissure cependant passera toute l'essence du parfum chrétien, exhalé des encensoirs de Byzance ; l'art *roman* sortira un jour de ces voûtes d'or, et de ce lourd appareil. En attendant, la vraie nouveauté, du moins pour l'Occident, c'est la coupole, posée si fièrement sur les arcs puissants quelle semble, à l'audacieux architecte, l'image de la céleste voûte. « Alors, a-t-on dit très justement, on voyait partout des arcs sur des arcs, des coupoles sur des coupoles ; toutes les surfaces rectilignes, carrées, angulaires, des temples d'Athènes se changèrent, dans les églises de Constantinople, en surfaces circulaires, curvilignes, concaves à l'intérieur, convexes à l'extérieur. » De même, on renonça presque complètement à l'ordonnance consacrée des ordres antiques ; le chapiteau, de circulaire qu'il était, devint cubique ; la fine et précise feuille d'acanthe du corinthien fut remplacée par d'aventureux feuillages, aigus, enlacés, sans ordre, et les faces des moulures rehaussées d'entrelacs, de méandres et de losanges, imités des émaux d'Assyrie ou des étoffes persanes. La pureté attique est définitivement étouffée sous la parasite forêt des plantes, des fleurs et des croyances d'Orient.

Les peuples changent ; les monuments s'écroulent ; mais toujours, pour exprimer des besoins nouveaux, arrive l'être attendu — pour loger l'idée renouvelée, l'architecte nécessaire. — Et ainsi toujours l'architecture d'un peuple, au moins autant que les autres arts, aura à sa base la sensation d'un être devinant une forme et se l'appropriant, la volonté d'un artiste dégageant d'une loi secrète entrevue un principe de construction ou d'ornement. En art, comme en tout du reste, la collectivité est impuissante où l'individu ne parle pas ou n'agit pour elle. Le peuple désire, l'artiste exprime ; et consciemment ou non, l'architecte ne construit que des *exigences* contemporaines. Parfois, il lui suffira d'un regard sur les choses pour créer un type : la juxtaposition de certaines lignes, le hasard des portées de deux masses suggérera à un œil attentif une proportion nouvelle, une disposition inattendue. Qui peut dire dans quelle mesure cette fameuse invention de l'ogive [11], qui a soulevé tant de controverses, ne fut pas un jour dans l'heureuse fortune de l'intersection fortuite de deux cintres ? Et puis, qui a vu le premier se produire le fait merveilleux, ou le hasard providentiel, de l'heureux maçon de Mycènes, ou de l'habile architecte du Caire, ou encore du beau *maître ès œuvre* debout devant la cathédrale naissante, en ce violent et passionné XIIIe siècle ? Nul ne sait trop, car l'ogive se voit ou se devine en ces trois points, si distants, du monde ; et puis qu'importe encore, si elle a exprimé à son heure, cette fine et pieuse ogive, et Dieu sait avec quel mystique élan de toutes les forces de la pierre, l'admirable élancement des âmes chrétiennes vers l'infini ?

Admirons donc simplement cette nouvelle et divine efflorescence de la matière, et comme de l'art roman, de la muraille sobre, austère et nue, reflet des temps plus sombres et plus pauvres, va jaillir cette prodigieuse forêt gothique. L'art roman, si noble à Caen ou à Vérone, à Poitiers ou à Aix-la-Chapelle, sortait directement, légitimement, de l'art antique, entretenu par l'admiration des monuments anciens encore debout à Rome, mais peu à peu transformé sous l'influence du goût oriental, que rapportait de Byzance, avec le sens renouvelé des mystères, la religion nouvelle. Ainsi cet art grec, que nous avons vu puisé lui-même à de si lointaines origines, déjà déformé par les Romains, puis de nouveau retourné aux sources d'Asie, revient, méconnaissable, de ce rapide et fatidique voyage aux pays fabuleux où l'homme commença de penser et de construire, et, s'arrêtant enfin dans l'Occident que purifient les barbares, fleurit merveilleusement en chrétienne architecture. Après les horreurs de l'an mil, les chrétiens, grands bâtisseurs d'églises, ne s'attardent pas longtemps à l'arc tranquille et sage, retrouvé en passant par l'Italie, au *plein cintre* roman, si noblement religieux qu'il nous paraisse aujourd'hui encore appliqué par les chrétiens à leurs églises du XIe au XIIe siècle. D'un bond, dans l'envolement de confiance et d'espoir qui soulevait de nouveau le monde, ils élèvent leur église à des hauteurs inconnues, comme à un idéal surnaturel ils ont élevé leurs âmes. Ils cherchent et ils trouvent les points d'appui nécessaires à cet exhaussement imprévu des murs et des voûtes, et — s'il faut laisser peut-être au mystérieux artiste arabe la gloire de la transformation initiale de l'arc en ogive — du moins peut-on dire que les architectes chrétiens achèvent de résoudre le problème, un des plus beaux et des plus ingénieux qu'ait rencontrés l'histoire de l'architecture, en déterminant, avec la précision d'une loi mathématique, et une perfection de technique qui ne sera pas dépassée, les méthodes de construction des voûtes d'arêtes, des croisées d'ogives et de l'arcade à tiers-point. Le grand art gothique était fondé.

Merveilleusement il s'épanouit dans tout l'ouest de l'Europe à partir de la deuxième moitié du XIIe siècle, couvrant d'abord le sol laborieux de la France naissante, de ces constructions immenses et légères à la fois, avec leurs hautes voûtes montées sur des murs démesurément élevés, prodigieuses châsses percées partout de fenêtres, de trèfles et de rosaces, et soutenues dans l'espace par les puissants arcs-boutants comme par autant de bras vigoureux. Toutes ces innovations « paraissent avoir été tentées tout d'abord, en effet, ou avoir pris leur développement le plus rapide et le plus complet dans l'Isle-de-France, la Normandie, la Picardie et la Champagne ». En Allemagne même, en Angleterre et en Italie, les exemples sont ou moins purs, ou postérieurs. A coup sûr, les plus beaux types sont dans cette province de l'Isle-de-France, qui semblait, alors comme aujourd'hui, faire une ceinture de bois, de fleurs et d'églises — double *forêt* d'ombre et de pierres — à l'ardente capitale. Dans ce Paris agité, généreux et puissant, s'éleva et demeure, invulnérable et protectrice, la plus fière, la plus pure, la plus *significative* cathédrale, sinon la plus grande. Notre-Dame est peut-être le chef-d'œuvre des chefs-d'œuvre gothiques et Notre-Dame est le cœur de Paris, ce grand cœur du monde moderne. Le génie national, dégagé des leçons antiques que gardait encore le style roman, a trouvé pour un temps sa libre formule, et pendant trois siècles, à Paris, à Amiens, à Chartres, à Bourges, à Reims, à Beauvais, enfante des œuvres immenses et symboliques, *temples* vraiment vivants qui, « sous leur robe de pierre », se souviennent de la *Forêt*. Chateaubriand a dit des cathédrales : « Les forêts des Gaules ont passé dans les temples de nos pères, et nos bois de chêne ont ainsi maintenu leur origine sacrée. Ces voûtes ciselées en feuillage, ces jambages qui appuient les murs et finissent brusquement comme des troncs brisés, la fraîcheur des voûtes, les ténèbres du sanctuaire, les allées obscures, les passages secrets, les portes abaissées : tout retrace le labyrinthe des bois dans les églises gothiques ; tout fait ressortir la religieuse horreur, les mystères et la divinité [12]. »

Ainsi l'*ogive*, à ses trois périodes, et sous ses trois formes sera, dans toutes les constructions, le principe générateur de tous les vides, la forme-type de la construction chrétienne, tant que la religion des foules restera passionnée, ardente et mystique. Simple et fine, avec une jeune naïveté dans sa pointe en lancette et ses trèfles symboliques au XIIIe siècle, amincie et plus sèche, plus frêle aussi, elle *rayonnera* à travers les pinacles et les croisées pendant tout le XIVe, jusqu'à ce qu'elle finisse au XVe, dans un *flamboiement* merveilleux, dans un presque impossible équilibre, comme si les dernières flammes d'un feu mourant, courant à travers les niches, les roses et les aiguilles, venaient lécher les murs des cathédrales affolées. Et l'antique raison, déterrée un beau jour du sol endormi de l'Italie, éteindra sous son onde claire ce bel incendie mystique.

La Renaissance, en ce sens, fut proprement un mouvement réaliste. Le hasard d'une découverte imprévue de monuments anciens dans les fouilles, à la fin du XVe siècle, l'étude, meilleure aussi, faite par des architectes et les sculpteurs de Pise et de Rome, des édifices restés toujours debout en Italie, le subit exode des artistes grecs, élevés encore à l'ancienne tradition, que chassaient de Constantinople les Turcs vainqueurs, enfin et surtout le retour violent, par une naturelle réaction, après des siècles d'ascétisme religieux et esthétique, à l'amour plus direct, plus réel, en quelque sorte plus sensuel, de la nature, voilà toute l'énigme du mouvement d'art, qui a pris ce nom de Renaissance. Ce fut plus encore la revendication de la joie humaine, la revanche du corps sur l'esprit ; et ce fut bien une renaissance en vérité, quoi qu'on en ait dit parfois de nos jours, et qui ne pouvait tarder plus longtemps devant la contradiction croissante entre les réalités tangibles,

individuelles, dont sont faites les *bases* de tous les arts plastiques
— j'entends surtout l'architecture — et le spiritualisme incorporel,
impersonnel, je dirai presque *inconstruisible*, d'un idéal et d'une
religion qui prétendaient ne tenir compte que de l'âme.

Je sais que des esprits érudits et curieux ont voulu prouver
que cette Renaissance avait paralysé, en France, l'essor d'un
art plus national qui serait issu du gothique, et brisé, en pleine
croissance, un progrès plus sensible et plus beau, vers l'expression
architecturale et plastique de l'Idée, que celui que nous avons vu
sortir, au XVIe siècle, de l'art imposé par les artistes italiens à la
France, à l'Allemagne, à toute l'Europe occidentale, en un mot.
Je crois profondément qu'il y a là une erreur ou un malentendu.
Outre qu'il me paraît prouvé, par toutes les analogies que présente
l'histoire, qu'on ne saurait empêcher, ni créer un mouvement d'art
avec des mots ou avec des regrets, j'estime qu'il eût été impossible,
à ce moment précis du XVe siècle finissant, où l'Italie, en avance
sur les autres pays de près d'un siècle, retourne visiblement aux
traditions toujours regrettées de son origine antique, de poursuivre
plus loin l'épanouissement gothique, mourant de beauté si l'on
veut, mais de trop psychique et de très intraduisible beauté. Et si
cela est incontestable pour l'Italie, qui n'a jamais fait que du très
médiocre gothique, encore que les meilleurs monuments italiens
de ce style aient été construits par des architectes allemands, on
le peut appliquer aussi à la France, dont le génie clair et mesuré
devait historiquement échapper à toute exagération mystique,
aussi bien dans l'art de construire que dans l'art de penser. Or, si
le style gothique a été admirable comme expression d'une époque
de grand mysticisme, mais encore avec des moyens moins purs,
sinon moins étonnants, et sincères, et touchants, il ne pouvait
logiquement durer un moment de plus devant les revendications
de la raison, *renaissante* dans le domaine des arts comme dans
celui de la pensée philosophique et religieuse.

Mais aussi, par une naturelle conséquence, avec l'exaltation de la foi
et du rêve, allaient disparaître l'audace des merveilleux et presque
impossibles édifices, et le mystère des hautes voûtes ogivales, et
l'art prodigieux — un peu fou — de monter des murs dans l'espace,
en dentelle de pierre La suprématie, très logiquement, échappe peu
à peu à l'art religieux ; la beauté architecturale se porte toute dans

les monuments civils. C'est qu'on ne fait pas plus de monuments que de révolutions — et ceci le prouverait au besoin — sans enthousiasme. Qu'a donc produit, je le demande, en architecture, le mouvement religieux ou plutôt rationaliste, de la Réforme ? N'apportant que la sécheresse d'un raisonnement, la valeur d'une analyse, le protestantisme n'a rien produit en architecture de très beau, en tout cas rien de très *significatif*. Sans doute, il ne pouvait être à nouveau créateur de beauté, étant essentiellement d'esprit critique. Il prit et utilisa — peut-être en en refroidissant l'âme — les grandes cathédrales catholiques ; il en ouvrit les fenêtres toutes grandes, mais il en chassa, avec l'encens, le mystère et le charme. Et de cette première laïcisation, l'architecture des temples nouveaux, en Angleterre, en Allemagne ou en France, a gardé dès lors, et n'a plus jamais quitté ce probe aspect de méthode, de sagesse et d'ennui, qui ne saurait toucher jamais un artiste. Partout alors en Europe, l'art se ressaisit au brusque réveil du réalisme ressuscité de l'antique par l'Italie, l'incorrigible païenne. En même temps que les luttes religieuses de la Réforme frappent des mêmes coups la mystique Eglise et l'architecture mystérieuse, les pouvoirs laïques, mieux organisés, plus riches, réclament leur place indépendante et imposent un art indépendant aussi. Les voûtes, élevées à des hauteurs trop belles, s'abaissent — comme la foi ! — on retourne au plein cintre et aux ordres romains, et l'art gothique est traité de *barbare* par ces latins revenus en somme aux sentiments naturels d'un indestructible atavisme. Parfois encore une église, commencée sur un plan gothique, se finit et s'habille, en pleine Renaissance, d'une robe tout imitée de l'antique : l'ossature est restée ogivale, mais la flore païenne envahit tout l'être de pierre. L'église Saint-Eustache, à Paris, en est un des meilleurs exemples. Au même moment, en France comme en Allemagne, en Angleterre comme en Italie, le pouvoir politique, — et l'argent, — passent en d'autres mains, l'argent surtout, grand bâtisseur, et sans lequel il n'y aura plus bientôt, dans cette Europe dont on commence à ruiner l'enthousiasme, ni architectes, ni ouvriers, ni pierres. La Royauté, en attendant, hérite du pouvoir de l'Eglise. Et ceci explique les grands châteaux provinciaux en France, et Fontainebleau, et bientôt Versailles. Saint-Pierre de Rome [13] même, considéré comme le sommet et la fin de la Renaissance en Italie, n'est que la demeure royale d'un souverain plus religieux — le plus humain salon de réception d'un Dieu. Et, en ce sens, c'est une admirable chose, image fidèle de la papauté magnifique et presque sans foi des Borghèse et des Médicis, et un monument magnifique, à la condition qu'on y passe, qu'on y salue ou qu'on y chante, mais non pas qu'on y prie ! Il serait facile de trouver à ceci des preuves analogues, dans le reste de l'Europe, pendant le XVIe et le XVIIe siècle, selon l'état plus ou moins florissant de la société en chaque pays, en tenant compte de ces trois conditions de première importance : la lutte politique des pouvoirs civils et religieux, la mode dans les mœurs et les goûts de chaque peuple, surtout l'état... des finances du souverain, du prince ou des particuliers. Il faudrait se rappeler aussi que pendant toute la Renaissance on a imité partout l'Italie, comme, aux XVIIe et XVIIIe siècles, tout le monde imitera la France. En France, on sait les origines tout italiennes des monuments construits sous François Ier, au retour des guerres d'Italie. Fontainebleau est bâti par des ouvriers italiens sous la direction des Serlio, des Primatice, des Rosso. Mais, formés à cette école, des architectes plus fins, et plus graves à la fois, et plus *nationaux*, viendront bientôt et reprendront les modèles en les corrigeant, et utiliseront les types en les affinant à ce goût français, au toucher privilégié de ces ouvriers du sol gaulois, dont l'inné et charmant génie semble être décidément de purifier ce qu'ils prennent plutôt que d'inventer à nouveau. Jean Bullant, Philibert Delorme et Pierre Lescot font pour l'art de bâtir ce qu'avait fait Clément Marot ou Malherbe, ce que feront bientôt La Fontaine, Corneille ou Molière pour l'art d'écrire, s'appropriant les *fables* ou prenant les *styles* à l'antiquité, aux voisins espagnols ou latins, pour en refaire de la *matière* française, précise, claire et définitive. Au XVIe siècle, à Blois ou à Chambord, à Ecouen ou à Paris, la Renaissance se fait plus délicate et plus simple, en quittant la trop brillante Italie, pour contenter pleinement cet instinct typique de notre race, le *goût*, qui a fait, en matière d'art, et continuera de faire — nous devons le souhaiter uniquement — de la France le pays modérateur, le pays *crible*, si j'ose dire. Et c'est alors, jusqu'aux premières années du XVIIIe siècle si délicieusement corrompu, mais toujours élégant et inventif et encore si spirituellement *national*, c'est une suite ininterrompue de charmantes et fières constructions, qui, de Jacques de Brosse, de Duperac, et des deux Ducerceau jusqu'à Perrault, s'élèvent partout sur le sol de France. — Le chef-d'œuvre et le résumé — le type parfait — c'est Versailles [14], qui pendant plus d'un siècle sera la règle et le modèle pour tous les édifices qu'on fera hors de France. Et voici de nouveau ce que j'ai voulu appeler un monument *significatif*, c'est-à-dire élevé dans les conditions nécessaires à toute beauté, par la volonté d'un homme et le consentement du temps, j'entends dans l'harmonie des moyens, des hommes et des idées. Toujours, le Roi trouvé, on trouve vite l'architecte, les sculpteurs et les peintres — et les logiques pierres.

On a relativement peu construit, en France, au XVIIIe siècle. Tout l'art de l'architecture, en ce siècle, tient entre la Colonnade de Perrault [15], et le Garde-Meuble de Gabriel [16] ; et il se pourrait que ce fussent là nos plus personnels modèles, et nos meilleurs guides pour l'avenir, s'il y a un avenir pour la pierre, la brique et le marbre, avant le règne du fer, j'allais dire du quatrième état ?… L'architecture, d'extérieure, devint intérieure ; elle appartient aux sculpteurs et aux peintres — aux décorateurs. Faut-il avouer qu'elle n'en est que plus ingénieuse et plus variée, surtout plus vivante, et plus pittoresque ? L'architecte qui n'aura pas été un peu peintre n'aura jamais le sens parfait des pleins et des vides, c'est-à-dire des *blancs* et des *noirs*, dans la construction, car la *couleur* des choses, dans tous les arts, n'est que la robe des idées. A la fin du XVIIIe siècle, Trianon n'est plus qu'un rêve de peintre, une architecture pour Watteau. Mais quel rêve encore, et par quel réveil interrompu !

La Révolution arrête tout dans les arts. Brisant les hiérarchies, elle détruit toute discipline d'*art* ; supprimant, par une faute analogue et aussi grave en ses résultats que l'avaient été à la fin du moyen âge la dispersion des francs-maçons, les corporations et les maîtrises, elle stérilise toute tradition du *métier*. La Convention n'a construit que sur le papier, et il faut arriver à l'Empire pour trouver un effort nouveau, ou renouvelé — pastiché bien plutôt — de l'antique ; d'ailleurs à travers une fausse conception de l'antiquité sous l'influence de la passagère illusion inventée par les philosophes et les littérateurs d'un retour aux mœurs et à la *vertu* antiques, et à la suite d'un Winkelmann, illustre critique qui confondit l'art romain avec l'art grec, et de cette approximative érudition a empoisonné nos sources d'art pour la moitié du siècle. Que dire de la Restauration où on ne fait rien, et du règne de Louis-Philippe où on fait laid ? Il y a vraiment des époques où tout le monde a de l'art et du goût — comme à Florence en cet admirable *cinquecento* — et d'autres où personne n'en a comme sous Louis-Philippe, en France... et ailleurs ! Et dans ce siècle, du moins avant notre époque contemporaine agitée, incertaine et décousue — et peut-être, au fond très intéressante — un monument domine tous les autres et seul demeure, très probant et très beau, toujours parce qu'il est logique, parce qu'il synthétise clairement toute une époque, en cette Trinité : Un homme, une armée, la gloire ! C'est l'arc de Triomphe [17], porte héroïque et symbolique du Paris moderne, dans laquelle se couche triomphalement le soleil aux soirs de printemps, par laquelle entrera tout l'avenir ! Et brusquement nous voici devant le problème architectural de notre temps. Que va-t-on faire ? Quel sera demain l'art de bâtir, et quel le métier ? Sans doute, la France n'est plus, dans les arts, l'unique directrice, et, à l'étranger, chaque race cherche, artistiquement aussi bien que politiquement, à organiser sa nationalité, en accumulant les souvenirs de ses origines, en collectionnant les raisons de sa personnalité. Et je veux croire que la France ne sera pas la dernière à revendiquer les droits historiques de sa figure morale et... monumentale, puisque, aussi bien, des événements aussi considérables que la défaite sur les champs de bataille d'un peuple *artiste* comme la France, et son effort aujourd'hui accompli pour se ressaisir et affirmer de nouveau ses idées avec toute sa force — je n'ose dire avec toute sa santé — doivent avoir une action sur la marche des arts à la fin de ce siècle.

III

Il se pourrait que des raisons simplement matérielles, des raisons de *métier*, eussent après tout une action aussi grande que les intellectuelles ou les sociales sur les transformations de l'architecture. Les besoins du temps, les conditions du climat, et surtout la nature des matériaux constituent les trois éléments primordiaux de la technique d'un art, et plus particulièrement, comme on le pense, de l'architecture, quelque chose encore comme une trinité moléculaire. Et, si j'ai réussi à en dégager les raisons, morales en quelque sorte, dans cette étude rapide des filiations historiques et symboliques de l'architecture, il me reste à en étudier rapidement les conditions statiques et spéciales, avant d'essayer d'en tirer une conclusion et, s'il se peut, une leçon.

La nature, l'aspect et presque la santé d'un monument sont toujours dans un rapport absolu avec les matériaux employés en son organisme et les conditions atmosphériques du lieu où il habite. Il est évident, par exemple, que les constructions de bois ne sauraient avoir la même masse, ni par conséquent les mêmes formes que les constructions de marbre. L'aspect d'un monument en fer sera tout autre que celui d'un monument de pierre. Si le granit, en Egypte, rend possible l'obélisque et explique les sphinx, la merveilleuse dureté et la blancheur divine, et la presque immortelle dureté du marbre, pris par les Athéniens au Pentélique voisin, expliquent le Parthénon matériel, comme le culte passionné de ces Grecs, citoyens et artistes, pour l'Athèna protectrice de leurs libertés, avait expliqué le Parthénon idéal. Sans aucun doute, le poids des colonnes du Temple est en raison directe de la simplicité et par conséquent de la beauté de sa masse. L'application à la construction en pierre de ces points d'appui, ingénieusement calculés pour des poussées nouvelles, sera de même le secret technique de la cathédrale gothique. Ailleurs encore, en Perse, l'extrême légèreté des briques ou des tuiles employées, après une forte cuisson sans doute, permettra la coupole à une époque très ancienne, bien avant que les Byzantins ne s'en avisent, l'ayant probablement copiée eux-mêmes sur de vieux monuments d'Asie. De même ai-je voulu dire que s'est posée et surtout se posera dans un avenir prochain la question de l'emploi *logigue*, et en cela seul vraiment *architectural*, du fer, matière à la fois très légère et très résistante sur de très longues portées, et qu'on peut employer d'une façon tout autre que les anciens matériaux, ce qui est venu heurter brusquement, on le comprend de reste, et modifiera insensiblement les habitudes de notre œil au point de vue de l'esthétique dans les proportions. En bien ou en mal ? en renaissance ou en décadence ? l'avenir seul le dira, si nous avons le droit, par induction, d'en préjuger en quelque manière les effets.

Restent encore les conditions économiques et sociales du travail, dont il faudra tenir grand compte dans toutes les suppositions qu'on fera de l'avenir, puisqu'on sait, par l'histoire du passé, que le nombre des ouvriers ou leur qualité, et la plus ou moins haute autorité des chefs, des *directeurs de travaux*, ont toujours été autant de facteurs dans la création d'un édifice, considéré sous le triple aspect d'une accumulation mathématique de matériaux, d'un total d'efforts, et d'une synthèse de volontés. Depuis les premiers temples indous, taillés à même le rocher, cavernes sculptées dans la masse par des troupeaux d'esclaves, jusqu'aux temples grecs amoureusement élevés par l'effective, la bienfaisante collaboration de volontaires et conscients ouvriers, et de divins artistes, on peut suivre la progression parallèle de la beauté de la matière et de la perfection du métier. A l'idéal de l'œuvre correspond la science de l'ouvrier. Edifices religieux, militaires, ou civils, royaux ou populaires, le type traduit le peuple, comme aussi la valeur des matériaux trahit l'intellectualité de la race et sa fortune. Ainsi les frappantes analogies, dans la cosmogonie et dans l'art de l'Inde et de l'Egypte, et l'habitude pareille de construire des tombeaux en formes pyramidales ne suffiraient pas à expliquer les ressemblances primitives entre leurs monuments, si l'on ne savait que dans l'Inde, comme en Egypte, l'abondance des carrières de pierre et de granit et probablement, surtout aux bords du Nil, l'absence de bois, avaient dû imposer, pour ainsi dire, à ces deux peuples, leur architecture massive, austère et forte. Plus tard, dans ces deux pays, les formes s'allongeront, l'emploi de *bois* rares venant de tributs imposés aux nations vaincues, et de matières précieuses, achetées à grands frais à l'étranger, affinera les proportions, transformera le goût, mais aussi amènera bientôt la décadence, comme toutes les fois qu'une race vraiment personnelle, et personnifiée dans un style, abandonnera ses moyens naturels et locaux, quittera ses habitudes ataviques, sortira de sa *tradition* enfin. C'est ainsi que la manière dont les mêmes matériaux dans un même pays sont diversement employés donne en quelque sorte la classification chronologique de ses monuments.

Chez les Grecs de la belle époque attique, l'art de tailler le marbre fut poussé à une extrême perfection ; mais encore le poids des énormes blocs employés comme linteaux et comme entablements impose les lignes horizontales et les puissantes saillies — organise et explique la noble simplicité du temple. Avec les Romains se renouvelle l'usage de construire avec des pierres plus petites ou plus légères, en blocs plus divisés et ouvragés par plus de travailleurs isolés, puis avec des briques, et de suite l'arc redevient facile à bâtir, et la voûte pratique pour de plus grandes ou de plus rapides constructions. Après la conquête de la Grèce, les Romains se reprirent du bel amour du marbre, mais ils durent le faire venir à grands frais des carrières d'Asie Mineure ou d'Egypte, et finirent par ne plus l'employer qu'en revêtements, pas plaques — *crustæ* — appliquées sur les surfaces des murailles faites de moellons ou de briques. On sait, de réputation devenue proverbiale, l'étonnante solidité du mortier romain, et comme il servait à lier d'une presque indestructible façon toutes les parties d'un *appareil* dont les différents systèmes avaient un nom particulier et une règle fixe, et sont demeurés en usage, avec quelques modifications, jusqu'à nos jours. La brique même, merveilleux élément de structure, à la fois légère, petite et résistante, la brique est un des plus anciens témoins de l'architecture, un morceau sacré de l'histoire, puisque les lointains ouvriers de Suse et de Persépolis la savaient cuire au grand feu et recouvrir d'un émail coloré, et que partout, dans les substructions de Ninive ou de Byzance, dans les impériales murailles de Rome, dans les voûtes gallo-romaines ou dans les fins édicules de la Renaissance, invisible et présente, qu'elle soit marquée du sceau sacré au nom des Pharaons, ou des sigles aux initiales du fabricant, elle garde sous la flore des âges et les blessures du barbare la forme et le souvenir des grands édifices violés et morts.

On a dit qu'il n'y avait pas de mauvais architectes, mais de mauvaises époques. Il faudrait ajouter qu'il y a de bons et de mauvais matériaux, et c'est encore la plus ou moins grande *résistance de la matière* au génie de l'artiste. Conséquemment, si j'ai dit, comme je le crois, que l'apogée de l'architecture grecque, à Athènes, au siècle de Périclès, aura été un moment unique dans l'histoire, qu'on ne retrouvera jamais, c'est que tout aura concouru, en cette heure merveilleuse du monde, à l'accord parfait du lieu, de la matière et de l'homme. Les dieux, dira-t-on, étaient plus beaux — j'entends physiquement — et j'ajouterai qu'ils étaient plus sculpturaux, et, si j'ose dire, plus *architecturables*. Mais ne serait-ce pas aussi que le lieu prêté par les dieux était admirable ? que l'homme y portait un idéal plus simple, plus près du sol et de la matière où il le voulait tailler en image ? que cette matière enfin, le marbre, était et restera la plus belle qui soit, et qu'un art aussi matériel, qui ne l'a plus, ne saurait plus jamais être aussi beau ?

Il ne saurait être non plus aussi durable. Quelle demi-éternité voulez-vous permettre à cette pauvre pierre, grise et triste, qui s'effrite et se désagrège sous nos climats froids ? à ce ciment factice ou falsifié, que toute notre science moderne n'a pu rendre seulement aussi solide que celui des barbares romains ? à ce fer enfin, que toute modification atmosphérique allonge ou rétrécit, que la rouille ronge, et que fuit l'esprit ? Mais encore où sont vos légions d'ouvriers pour transporter les assises colossales et les énormes monolithes, comme autrefois dans Thèbes aux cent portes ? pour bâtir les murs de Babylone, que flanquaient deux cent cinquante tours colossales, on a calculé qu'il avait fallu employer pendant plus d'une année quatre cent mille hommes travaillant à la fois. Salomon avait réuni, pour bâtir le temple des Juifs, 70 000 manœuvres qui portaient les matériaux, et 80 000 hommes qui taillaient les pierres dans les montagnes. Plus tard, quand Justinien voulut refaire Sainte-Sophie, il écrivit aux satrapes d'Asie et aux gouverneurs des provinces de rechercher les marbres précieux, les colonnes et les sculptures de tout genre qu'ils pourraient trouver aux temples, aux portiques et aux thermes, dans toutes les villes des pays d'Orient, d'Occident et des Iles. Et l'Empereur, à qui un ange, disait-on, avait donné le plan de l'édifice, venait à toute heure de son palais voisin, vêtu d'une mauvaise tunique de lin, la tête enveloppée d'un mouchoir, un bâton à la main, surveiller les architectes grecs qui avaient sous leurs ordres 100 maîtres-maçons, suivis chacun d'une *équipe* de 100 ouvriers. Et 5 000 ouvriers étaient distribués ainsi sur le côté droit, et 5 000 sur le côté gauche. Enfin, au XIe siècle, plus de 100 000 personnes furent employées, sous la direction d'Erwin de Steinbach, à la construction de la cathédrale de Strasbourg. Et l'évêque de la ville, Conrad de Lichtemberg, ayant fait, en 1277, un appel aux fidèles pour travailler à la grande tour, on vit des ouvriers venir en bandes des provinces de Neustrie, et jusque di fond de l'Autriche, qui donnèrent leur temps sans réclamer de salaire. Qu'avons-nous fait de ce zèle et de cet amour ? Où est la foi qui transportait, dit-on, des montagnes, et à tout le moins mettait un peuple d'artisans autour des cathédrales ?

« Le secret des gothiques, me disait un jour un architecte érudit et spirituel [18], est peut-être enfermé dans le rapport entre leur manière de bâtir et les *mesures* plus variables, plus sensibles en quelque sorte, qu'ils employaient. Notre système métrique, ajoutait-il, est absolu, et d'une sécheresse mortelle à tout ce que doit toucher seule, et façonner et mesurer la main de l'homme ; c'est le corollaire et le serviteur de la machine. Il n'a jamais pu refaire du gothique vivant. Pourquoi ?... c'est que, au XIIIe siècle, chaque ouvrier, artiste indépendant et ému d'une parcelle du tout mystique, taillait, sculptait, vivait dans son coin, au milieu du grand chantier commun, où passait et repassait, ordonnant tout, *le maître ès œuvres*, véritable chef d'orchestre de tous ces hommes-instruments. Puis chaque pierre, ainsi terminée, et comme animée d'une existence propre, était montée à sa place, et continuant l'édifice avec discipline, chantait pourtant dans l'espace sa personnelle chanson. » C'était là, pour cet architecte, un peu plus poète que d'autres, toute l'explication de la vie intense, grouillante et perpétuelle des vieilles cathédrales, tout l'esprit de ces murmurantes forêts. Et de fait, que nous disent et que nous font ces édifices plus ou moins gothiques, élevés par hasard dans nos villes modernes, au mètre, à l'heure, et au cordeau, sculptés à la hâte et parés après coup sans patience, sans foi... ou sans argent ? Or, prenons-y garde, dès que s'en vont la confiance et l'entrain de l'ouvrier, — l'*amour du métier*, — le monument dépérit, l'artiste s'oublie, et c'en est bientôt fait de l'art. Le lien qui unissait tous les artisans d'un même *corps de métier* dans l'ancienne organisation de la société européenne, et que la France la première a rompu en 1789, assurait aussi les conditions du travail, et perpétuait les traditions techniques. L'immédiat résultat, chez nous, du brusque changement arrivé à la fin du XVIIIe siècle, est visible dès les premières années du siècle suivant. Sous le premier Empire, ce qu'on fait encore de bien comme *appareillage* de pierre, surtout comme ciselure de métaux est dû à une génération d'ouvriers nés ou élevés sous Louis XVI. Bientôt après, les belles habitudes de travail manuel se perdront ; les rivalités entre les villes et les provinces, et même entre les maîtrises de chaque ville, disparaîtront peu à peu ; les ouvriers se désintéresseront de tout ce qui n'est pas le travail brut, et le brutal intérêt ; ils ne penseront qu'à vivre au jour le jour, — et c'est légitime, puisqu'on ne leur demandera plus que l'espérance du jour sans lendemain, — ils feront leur tâche obligatoire, et pénible, certes ; mais ils n'aimeront plus l'œuvre libre : le lier métier est retourné à la corvée, presque à l'esclavage.

Et ceci encore, du plus haut artiste jusqu'au plus humble ouvrier, n'est qu'un manque de foi. Chez l'artiste, l'habileté n'aura jamais été plus grande, à défaut de l'émotion, qui s'envole avec la naïveté, la sincérité, et autres préjugés. Chez l'ouvrier, la *main-d'œuvre* restera aussi savante que jamais, mais inerte, insensible, machinale et comme inexpressive. Et par une coïncidence, qui m'a toujours paru la révélation d'une cause, cette insensibilité de l'ouvrier et du métier apparaît aux moments psychologiques d'un exagéré et maladif amour pour les restaurations de tout, de cette manie d'*ancien quand même*, propre aux races fatiguées, qui paralyse tout effort généreux et personnel. Passion de pharisiens, art d'embaumeurs ! Le bibelot a tué l'invention. Admirez comme, depuis vingt-cinq ans ou un peu plus, malgré de courageuses tentatives, isolées d'abord, aujourd'hui peut-être un peu plus collectives et confiantes, pour indisciplinées qu'elles soient, on a tout copié à tort et à travers, sans suite dans les goûts et sans logique dans les besoins ; comme on a revu et répété — ressassé — les mêmes morceaux d'architecture, depuis la belle petite renaissance à bon marché jusqu'au Louis XV riche et surmoulé de nos immeubles à location. Ah ! la vilaine et bourgeoise invasion de splendeurs en carton-pâte, dans le règne médiocre du vieux-neuf ! Certes, ce n'est pas l'argent qui manque, ni même les bons maçons ou les malins menuisiers ; mais c'est, plus encore que l'éducation des architectes, les habitudes de corps et d'âme du client qu'il faudrait refaire, et pour avoir une nouvelle, une significative, une intelligente maison, changer l'âme du bourgeois qui l'habite plus encore que la main de l'artisan qui la bâtit !

Que voulez-vous, en effet, que fasse cet architecte moderne — c'est-à-dire un artiste plus inquiet ou plus sensible, — plus savant aussi, si vous voulez, que voulez-vous qu'il dise, et surtout qu'il construise, en ces temps compliqués, s'il veut que son monument germe et vive, en ces trois conditions que nous avons vues être décidément indispensables à toute œuvre architecturale : l'expression symbolique qu'il doit garder de son temps ; la raison historique qui découlera de sa destination ; et la beauté technique qu'expliquera seule sa matière ? Plus *documenté*, — ce qui est le grand orgueil et peut-être la grande vanité moderne, — et en cela peut-être moins heureux que l'architecte du Parthénon ou de Notre-Dame, il a tout lu et tout vu ; il connaît toute l'architecture du monde, et je crains bien qu'il n'ait trop vu, l'art, cet autre royaume céleste, étant aussi le plus souvent aux simples d'esprit. Mais je reconnais que son éducation est forte, à la condition toutefois qu'une érudition mal donnée et encore plus mal digérée ne vienne pas troubler sa sincérité. Est-elle indépendante ? La science a doublé ses moyens, mais non ses forces et son instinct. Il a la tête bourrée de renseignements, quelquefois de systèmes et de paradoxes, mais il a, je le crois, l'âme éprise de vérité, les yeux ouverts sur la vie. Tous les matériaux du monde sont là, à la disposition du premier venu qui voudra bien avoir du génie ; encore un peu, et il n'y aura plus de patrie pour l'architecte, non plus que pour le marbre, ou la pierre, ou la brique. Le fer est à vil prix. Les photographies des monuments les plus célèbres ou des moins connus sont dans toutes les boutiques, ou traînent dans tous les ateliers. Les voyages sont à bon marché, et il y a des écoles d'art partout, gratuites, banales et obligatoires, avec des professeurs célèbres, le gaz… et l'art à tous les étages ! On bâtit partout en Europe : toutes les villes se transforment ou se recommencent. Est-ce donc une nouvelle Renaissance ?

Voilà beaucoup de constructions, mais peu d'architecture. Il y a de par le monde peu d'artistes, mais beaucoup d' « entrepreneurs de bâtisse » ou de marchands, ou de spéculateurs. Nos pauvres villes leur appartiennent, et j'admire comme elles restent belles encore, malgré tous les embellissements qu'ils y font. Car les villes sont des êtres, n'en doutez pas, ayant un reconnaissable visage, et un personnel accueil, tristes ou gaies, bonnes ou méchantes, où l'âme du peuple se devine à travers les fenêtres, qui sont les yeux des monuments. Déjà, pour quelques constructions distinctives, œuvres rares d'architectes que l'on connaît et que l'on compte, maisons ou palais perdus dans l'ennuyeuse perspective des voies nouvelles, combien peu d'œuvres faites pour le cœur ou pour l'esprit, sous l'enlaidissement et la vulgarisation des rues, des demeures et des êtres à Berlin ou à Pest, à Rome ou à Saint-Pétersbourg, à Londres ou à Paris. La question, à vrai dire, est presque insoluble. Il faut faire grand, vite et bon marché ; les prescriptions sanitaires et le confortable exigent des formes, quand, pour l'amour des styles, l'École et les maîtres en enseignaient d'autres. Les manies, la vanité ou la demi-éducation du client enrichi imposent une *époque* à l'artiste désarmé qui proposait son goût, ou qui tout au moins demandait à essayer quelque chose, pour voir, pour changer. Il lui faut marcher à la moderne — y courir — dans les souliers de Louis XIV. Combien de nos nouveaux grands seigneurs y trébuchent ! Est-ce à dire que notre époque ne soit pas capable d'invention, et fort libre et, en fin de compte, assez agréable ? J'en conviens, étant comme vous de mon temps, et habitué à jouir de sa fièvre, de son inconséquence et de sa facilité ! Mais un temps qui restaure trop bien ne peut être un temps qui ose inventer. Peut-être faudrait-il avoir le courage de dire qu'une époque qui ne démolit plus n'est plus une époque créatrice. Le beau livre d'architecture serait-il fini, que nous sommes si fort occupés à en dresser le catalogue ?...

A Paris, depuis le pavillon de Flore de Lefuel jusqu'à l'Hôtel de ville de Ballu, depuis le Palais de justice de Duc, jusqu'à la Bibliothèque de Labrouste, pour citer les meilleures constructions, les constructions typiques, des années qui ont précédé la génération actuelle, c'est, déjà pendant tout le second Empire et les premières années de la troisième République, une évidente préoccupation de continuer de belles formes connues, de raccorder des styles, ou même de copier des modèles, célèbres, et si parfois la copie est spirituelle, et libre par quelque côté le raccord, il n'en est pas moins vrai qu'il ne s'est pas fait en France, depuis 40 ans, de style bien défini. Peut-être l'essai le plus personnel encore, le plus représentatif d'état moral, — le plus dénonciateur d'habitudes et de goûts, — est-il l'Opéra, maison logique et très exacte image de la société française, à la fin du second Empire ; et il faut arriver à ces dernières années pour trouver de nouveau quelque indépendance et quelque invention. Et pourtant, si les hôtels particuliers, construits de 1850 à 1870, sont en général d'un goût surchargé, hybride et presque sans date, les actuelles demeures des gens riches ne me paraissent pas avoir beaucoup gagné à devenir des pastiches sans âme de demeures mortes ou des fac-similés sans raison d'époques passées. Et, je le demande, que sont les églises construites depuis quarante ou cinquante ans, à l'étranger aussi bien qu'en France, sinon des temples faux et vides, boudoirs ou boutiques d'où Jésus chasserait de nouveau les pharisiens et les marchands ? Des églises à fauteuils et à calorifères, des églises *confortables*, ne sont pas des temples logiques. Et que si l'on me montre, ici ou là, d'aimables chapelles ou même des cathédrales en fort bonne architecture, je répondrai que ce sont là divertissements d'architectes érudits, curieux et sceptiques, raffinements d'artistes qui se sont amusés à bien construire en gothique, en roman, ou même en byzantin, parce que l'occasion en devient rare, ou parce que Dieu redevient à la mode. Faut-il parler des palais des pouvoirs publics, préfectures en province, mairies ou autres à Paris ?

Quel style, quelle beauté en un mot, c'est-à-dire encore quelle signification auront donc ces monuments, et par exemple une église comme Saint-Augustin ou un palais comme le Tribunal de commerce, ou la Préfecture… de toutes les villes que vous voudrez ? Et à Londres, et à Berlin, et à Vienne, où tout va de même, quoi de neuf, de voulu par un homme, ou d'imposé par des idées à côté du sens profond que prennent subitement au milieu des villes éventrées et rapiécées, une vieille tour, un clocher fin, une triste et charmante façade noircie par le temps et la fumée, tous isolés, dépaysés, incompris, mais tous pleins encore d'une raison d'être dans leur signifiante et sentimentale vie ? C'est peut-être qu'on ne regarde pas en face l'inévitable problème qui est bien celui-ci : puisqu'il faut, ou qu'il faudra absolument demain construire avec de nouveaux matériaux pour des besoins nouveaux, quel sera demain l'architecture rationnelle ? et de l'architecte passé, peut-on conclure à l'architecte futur ? Aussi bien son rôle n'est pas facile, si l'heure est grave : la société dans laquelle il vit, et pour laquelle il va travailler, cette société moderne, agitée, pressée, pratique, sceptique et surtout banale, ne peut que lui imposer la banalité de ses désirs ou la vulgarité de ses besoins, le plus de commodité et le plus d'apparence avec le moins d'argent possible. Nos Mécènes à la mode lui demanderont des hôtels, non pas à leur goût, — ce qui serait encore leur droit, — mais au goût du plus riche voisin, et à la taille du grand seigneur ruiné, exproprié ou mort qu'ils s'imaginent remplacer, demeures somptueuses, inutiles et factices où vivront dépaysées dans les pierres, qui ne le comprendront pas, ces âmes nouvelles de parvenus satisfaits et inoffensifs, notables commerçants, étonnés de leur subite grandeur et plus encore gênés en leur trop récente aristocratie ! C'est aussi que l'autre est ruinée, ce qui ôte le goût de construire, et n'a plus de sève, n'ayant plus le pouvoir... l'autre, cette vieille aristocratie de la race et du sang, à qui du moins un long passé de services rendus, de goûts cultivés et de principes transmis laissait la gloire et le plaisir des nobles idées, le sens des élégantes habitudes, et comme un parfum, attaché à ses demeures, de légitime et traditionnelle beauté. Et si chaque époque n'a que l'aristocratie qu'elle mérite, l'art, malheureusement, ne reflète que l'aristocratie qu'il a.

Enfin, si, dégoûté de ces parodies d'élégance, ou de ce démarquage de style, l'architecte infortuné mais encore convaincu, se retourne vers l'Etat protecteur, on l'envoie se faire toiser au concours, niveau presque toujours certain des médiocrités, et s'il s'y refuse, on le charge, et combien lourdement, de raccommoder les toits des vieux bâtiments célèbres, et de remplir à la journée, des restes « d'un talent qui tombe et d'une ardeur qui s'éteint », des paperasses et des bordereaux ! Veut-il encore essayer des grandes entreprises commerciales, industrielles, financières ? Il se heurte aux deux grandes menaces de l'avenir : la spéculation et l'ingénieur ; d'un côté, l'argent, l'indispensable et détestable argent, arrivé de Francfort ou retour de Chicago, qui tue et prostitue toute grâce et le goût charmant de France ; de l'autre la science, oui, la fausse science, sortie des desséchantes écoles où poussent des mathématiciens sans passé, sans lettres, sans tendresse et sans rêve. Car, j'en ai bien peur, entre l'architecte désormais impuissant, s'il ne possède pas le complexe savoir qu'exigent les besoins modernes, et l'ingénieur nuisible et faux s'il est isolé de l'artiste, passeront toutes les laideurs vaniteuses d'une société affolée, dont tous les goûts vont à un amour étrange et dégénéré de l'énorme, du bizarre et de l'exotique, et qui s'est fait un style à sa taille, le style Exposition comme on l'appellera un jour — d'Exposition universelle et d'universelle médiocrité — brillante et extraordinaire décadence avec ces trois justes qualificatifs : colossal, camelote, et provisoire.

Eh bien ! non, ce n'est pas là de l'architecture, ce n'est pas de l'art ! — je veux espérer qu'il y a encore ou qu'il y aura demain en ce pays de mesure, de goût et de probité intellectuelle qu'est la France, des chances d'architecturale beauté. Mais elle sera française ou ne sera pas, c'est-à-dire fondée sur une éducation plus consciente du génie de notre race, sur une tradition nationale reprise avec courage, même avec audace, presque avec colère ! Car nous n'avons de chance aujourd'hui d'un art rationnel et bon, — en architecture comme en poésie, en sculpture comme en musique, — qu'en restant des *Latins*, ou plus simplement on redevenant des Français, des classiques ayant précisé, à travers quatre siècles de logique et surtout *humaine* culture, notre figure intellectuelle et notre architecturale raison d'être. Un des plus célèbres aujourd'hui parmi les plus jeunes architectes me dit que la prochaine génération, sortie des ateliers, sera franchement décidée en ce sens, plus respectueuse à la fois et plus pratique, et résolue à aller de l'avant sous une discipline reprise aux XVIe et XVIIe siècles français. Il en donne lui-même, à cette heure, un formel exemple [19] en dessinant ses murs pour ainsi dire sur les murs mêmes, en vivant dans son chantier comme aux belles époques, en travaillant *sur le tas*, comme disent les maçons. Et je le veux croire sur parole. Mais encore, — qu'il me laisse le lui dire, — ce retour plus large et plus libre, qu'il espère, à la saine continuité de l'esprit national ne s'expliquera en de significatives constructions que s'il est l'expression logique, de nouveau transformée en beauté, des besoins précis du temps et des vagues désirs du peuple — toujours la maison nécessaire des idées, devinée par un poète, réalisée par un artiste.

Prenez donc garde, dirai-je à tous ceux qui aiment encore à mettre l'une sur l'autre des idées avec des pierres, prenez garde aux demi-savants, héros du jour, car leur science est en train de se substituer à votre art, et je dis que leur science n'est pas vraie parce qu'elle n'est pas belle. C'est là, croyez-le bien, le définitif critérium ; et c'est aussi un des côtés, mais peut-être des moins connus, de cette fameuse faillite de la science, dénoncée naguère ici même. J'entends bien dire qu'elle n'est que provisoire, cette faillite, qu'il y a malentendu, que tout s'arrangera sur notre dos d'artistes et de croyants… et que la science sera un jour, à elle seule, l'art, la morale, la vertu et tout le reste. Oui, peut-être, si la science future n'est pas seulement la science des choses, mais aussi la conscience de l'être ; car alors elle refera du rêve, de la foi, de l'art, c'est-à-dire de l'idéal, c'est-à-dire Dieu. Et autour de Dieu, recommencera l'humaine architecture. Sinon — et il n'y a peut-être rien à faire contre certaines fatalités historiques — je conclurai avec plus d'énergie qu'hier, et avec la même tristesse, que ce jour sera la fin de l'art, et que la première victime du système sera l'architecture, premier des arts. Une société scientifiquement organisée, du moins telle que l'imaginent ceux de nos réformateurs sociaux qui sont sincères et logiques, ne comportera ni temple pour un Dieu, ni palais pour un roi, ni maison pour un riche. Est-ce cela qui fera faire de l'architecture, et qui refera des architectes ? Tout au plus verra-t-on émerger encore de la monotonie des toits, dans nos villes régularisées, ennuyeuses et bêtes, une caserne, une gare et un hôpital, la force, le bruit, et le mal ! Et voici que déjà, dans la houleuse forêt des intérêts et des passions, au lieu d'être un temple, la maison commune du peuple est une gare ! Tout le monde part pour quelque chose, bien peu avec de l'amour au cœur et de la joie aux yeux ! Et toutes les gares se ressemblent dans tous les pays, pareilles et banales dans leur grandeur béante, et leur utilité affreuse. Il n'y a aucune différence entre la gare de Paris et celle de Berlin. A quand la disparition des dissemblances fécondes entre les idées, les rêves, les gloires, et les espérances des deux villes, des deux peuples ? Et ceci encore est fatal, puisque aux mêmes nécessités matérielles correspondent les mêmes *portées*, et qu'aux mêmes portées il faut les mêmes matériaux. Et, malheureusement, hors de la différence des goûts, des besoins et des mœurs, il n'y a plus de style ; hors de la divergence des rêves personnels, il n'y a plus d'artiste !

Mais l'artiste, me répondra-t-on, se refera ouvrier, comme vous le demandiez vous-même ; il suivra, en sens inverse, le chemin intellectuel que nous venons de faire ensemble ; il repartira de la matière nouvelle pour remonter à l'antique symbole ; il apprendra, devant des nécessités nouvelles, un nouveau métier, et retrouvant ainsi les lois appropriées à des conditions tout autres, il fera à nouveau de l'art, et conséquemment un art nouveau... C'est dire que nous sommes sans doute à une époque de transition, et je l'accorde volontiers, et que cela nous donne le temps de chercher, et l'espoir de trouver « quelque chose » [20]. Peut-être y aura-t-il encore quelque temps une chance de beauté pour l'Ecole, pour la Halle, pour le Musée, c'est-à-dire pour tout ce qui abritera des collectivités, vivantes ou mortes. Mais le triomphe de la collectivité, c'est encore l'absorption de l'individu, et le libre génie de l'art meurt de l'écrasement de l'individualité libre. Encore faudra-t-il que les conditions économiques, matérielles et sociales s'y prêtent ; que, avant tout, l'artiste personnel et grand, — l'intuitif — se trouve ou se retrouve, et qu'il agisse, comme autrefois, comme toujours, pour l'idée, par la forme, et dans le consentement du peuple. Alors, sera possible, peut-être, une réaction suprême, contre l'envahissement de la fausse science, de l'utilitarisme-souverain et de la laideur publique. Mais encore sera-t-elle durable ? Et surtout sera-t-elle logique ? Y aura-t-il une conciliation possible entre les conditions démesure, de grâce et de force, raison triple de vérité et de vie en toute sincère architecture, et les besoins sommaires, rapides et laids de l'avenir ? Y a-t-il — si on laisse au mot de *beauté* le sens que lui a donné une longue suite de traditions — y a-t-il une possible beauté à l'usine, considérée comme la maison légitime de la science, le temple nécessaire de la Vierge future ?

Je pose la question, et n'ose la résoudre, quelque tentation que j'en aie. Il est possible, après tout, que les tournants des civilisations ne soient pas si brusques, que s'y brisent toujours les chars de ces pauvres coureurs, qui sont les penseurs et les artistes. Mais enfin elles tournent, tout comme la terre, et, à moins que ces savants, qui sont si sûrs de ce qu'ils avancent, ne découvrent demain que décidément la terre ne tourne pas, je crois, en toute humilité, que nous devons tous nous fortifier le cœur, en arrivant au tournant où nous sommes ; défendre en art nos droits imprescriptibles et nos antiques amours en regardant devant nous sans peur, mais sans illusion ; et, avant de construire la maison prochaine, chercher les raisons de penser dans les leçons du passé, comme nous trouvons celles de vivre dans les nécessités du présent ; enfin travailler, aimer et prier, ce qui est la forme trinitaire de la vie complète, semblable à la figure génératrice des pyramides, des temples et des cathédrales, et, pour le reste, tout attendre de la lente et merveilleuse évolution du monde.

Et puisque, aussi bien, c'est de cette évolution même, étudiée comme une longue floraison de l'esprit sur les choses, que j'ai pris le thème initial de ces études, l'idée de succession et de non-progression des arts, me voici amené logiquement à la nécessité de sortir de l'architecture pour chercher une formule plus sensible de la vie, et de transporter mon analyse sur le terrain où l'art même se transporte et se transpose dans le symbole, à travers l'histoire, par la technique. Et s'il est vrai que, en tout temps comme en tout pays, l'architecture une fois constituée, impuissante à exprimer toute l'intensité de la nature et de l'idée, appelle à son aide la sculpture, comme la sculpture plus tard appellera la peinture, j'ai hâte de passer par une naturelle déduction, de l'art que j'ai appelé le plus simple, le plus exact, le plus impersonnel, le plus près de la Matière enfin, à un art déjà plus sensible, plus individualisé, mais aussi plus près de l'Homme, la Sculpture.

Notes

1. Voir la Revue du 15 août 1896.

2. On a dit que l'église est un temple à l'envers, où les colonnes du péristyle extérieur sont devenues les piliers de la nef intérieure.

3. L'ordre dorique, le plus ancien des ordres grecs, apparut simultanément à la fin du VIIe siècle dans tous les pays doriens, à Corinthe, à Mélaponte, à Pœstum, à Ségeste, à Agrigente, à Syracuse… C'est aujourd'hui un lieu commun que les éléments du dorique se retrouvent dans l'architecture orientale. On a reconnu à Karnak et dans les colonnes du tombeau de Beni-Hassan comme le prototype de la colonne dorique. Le chapiteau, composé de l'échine et de l'abaque, — et qu'on a appelé le proto-dorique — se retrouve à Cypre, à Golgos et à Eddi. (M. Collignon.)

4. Suivant les écrivains anciens, l'ordre ionique est postérieur au dorique, et se montra pour la première fois en Asie Mineure dans le temple d'Artemis à Éphèse.

5. (GREC), en grec, signifie à la fois aigle et fronton.

6. On sait que la pyramide est aussi un moyen, par la répartition des poussées, d'atteindre à des hauteurs qui, verticalement, seraient impossibles.

7. « Tout porte à croire, disait déjà en 1844 M. Villeroi (Revue générale de l'Architecture), que le principe des axes inclinés a été admis dans la construction des monuments du siècle de Périclès pour neutraliser la poussée des parties supérieures. » Et le même auteur établit ingénieusement les lois générales de l'architecture

grecque : « Les temples antiques de l'ordre dorique se composent de quatre pans inclinés qui, passant par les axes des colonnes, et prolongés en hauteur, se confondaient en une arête si le monument est rectangulaire, en un point, s'il est carré. »

8.   Comme, par exemple, au Trésor d'Atrée, à Mycènes, où ta voûte parabolique est posée sur des murs circulaires, mais fut construite sans doute par assises successivement placées en encorbellement l'une sur l'autre jusqu'au sommet, après quoi on abattit les angles en saillie.

9.   Sainte-Sophie fut terminée en 548 après J.-C.

10.   A Ravenne, où vivaient les exarques ou gouverneurs de l'Italie pour les empereurs d'Orient, c'est Julien, trésorier de l'Empire sous Justinien, qui fit commencer Saint-Vital, exclusivement sous la direction d'architectes et d'ouvriers grecs. Sainte-Marc est construit, à Venise, au retour des Croisades, par les Vénitiens chargés des dépouilles de Constantinople, et le plus souvent avec des matériaux arrachés aux monuments byzantins.

11.   Le mot ogive, qui s'écrivait aussi augive, servait à désigner les nervures diagonales qui, à partir du XIIe siècle, renforcent les voûtes d'arêtes. Il fut étendu, plus tard seulement, à la désignation spéciale, et il est resté dans la langue avec ce sens, d'un arc formant un angle curviligne. Les voûtes qu'on peut se figurer formées par pénétration, sous un angle variable, de deux voûtes cylindriques, s'appellent voûtes d'arêtes. Enfin l'arcade à tiers-point, ou ogive équilatérale, qui domina pendant toute la belle époque du XIVe siècle, en remplaçant presque exclusivement alors les formes primitives de l'arc à plein cintre brisé et de l'arc en lancette du XIIIe siècle, est formée par des arcs qui ont leur centre chacun à la naissance de l'arc de cercle qui lui est opposé, et qui sont décrits avec un rayon égal à l'ouverture de l'arcade, de façon à enfermer exactement un triangle équilatéral. (Bâtissier, 495-96.)

12.   Génie du Christianisme.

13.   On sait que le plan primitif de Bramante, qui était de superposer le Panthéon à la basilique de Constantin, fut dénaturé après sa mort, et depuis sauvé par Michel-Ange, et enfin abandonné par le Bernin.

14.   On y travailla pendant une grande partie du règne de

Louis XIV, sous la direction des J.-H. Mansart, des Lebrun, des Lenôtre…

15.   Au Louvre, construite de 1660 à 1670.

16.   Construit de 1662 à 1770, sur la place de la Concorde.

17.   Commencé par Napoléon Ier en 1806, cet arc de triomphe, le plus grand qui ait jamais été construit, ne fut terminé que sous Louis-Philippe, en 1836, d'après les dessins de Chalgrin.

18.   Millet, à qui l'on doit les belles restaurations de la cathédrale d'Amiens et du château de Saint-Germain.

19.   A la nouvelle Sorbonne.

20.   Il serait intéressant d'examiner dans quelle mesure serviront de types, pour l'avenir, des constructions récentes comme, par exemple le palais des Beaux-Arts et des Arts Libéraux de Formigé, au Champ-de-Mars, déjà disparus par grand malheur, sous la pioche des démolisseurs, ou les magasins du Printemps, de Sédille ; quelques intéressantes — mais plus rares — maisons particulières à Paris ; ou encore le nouveau Muséum, au Jardin des Plantes, de Dutert, çà et là des écoles encore ou même des restaurant, etc., si on les considère comme les plus heureux exemplaires de ce style de transition, où on a essayé plus délibérément des emplois nouveaux du fer et du bois dans la construction, de la céramique et des mosaïques dans la décoration des façades, et en général l'application plus libre des formes de la flore à tous les principes d'ornement et le retour à l'usage des colorations à l'extérieur.

LA SCULPTURE

I

A l'origine, la sculpture est inséparable de l'architecture, dont elle n'est que la parure accidentelle, — comme le vêtement de grâce, — mettant des fleurs discrètes à l'angle des chapiteaux, traçant lentement de symétriques et timides ornements le long des frises, bien avant d'oser interpréter la figure humaine. Qui tentera, à quelle heure du monde, la première image de l'homme ? Lentement, d'un heureux hasard du « métier au tour, » ou de la vague ressemblance des formes, le vase grossier s'arrondira, à l'imitation de l'être, sous les doigts surpris de l'ouvrier. Et l'amour encore, achevant le miracle nouveau, déterminera cette conquête pure de l'esprit, inventant la plastique à l'aurore des civilisations, comme il apportera la pitié au monde vieillissant. Que si l'on se souvient de la jeune Corinthienne, Coré, fille du potier Boutades, qui, traçant, un soir, sur la muraille, la silhouette de son amant, à la lueur vacillante de la lampe familiale, vit son père en remplir d'argile le contour, on ne trouvera dans la légende antique que le symbole charmant de l'invention, — alors nouvelle à Corinthe, et pour toute la Grèce, sans doute, — de l'art du modelage. Et ce fut, en effet, un progrès immense, quelque chose comme l'éclosion d'une idée, à l'heure nécessaire, et que durent connaître toutes les races, bien avant la grecque, que le fait de passer, presque sans transition, du tracé patient, par de simples traits, de silhouettes humaines sur les vases, à l'imitation en rondo bosse, sur des murs, c'est-à-dire en saillies *tangibles* et *mesurables*, dans les limites mêmes de ce tracé, de l'épaisseur réelle et de la forme des corps. De ces deux opérations bien distinctes, la première est encore du domaine très restreint du dessin linéaire, forme primitive de l'écriture asservie à l'architecture, et, en vérité, elle témoigne du temps où tous les arts étaient réunis, comme soudés, dans cette primordiale architecture, alors que l'architecture elle-même n'était que la forme hiératique de l'art, — la religion visible et construite. L'autre opération est proprement la plastique à son aurore ; la forme et la règle à la fois du bas-relief était trouvée ; et nous y voulons voir la véritable origine de la sculpture, ou, plus précisément, la séparation décisive, hors de l'unité première, de la sculpture qui se fait indépendante, et de hiéroglyphique en quelque sorte devient harmonique, c'est-à-dire de symbolique réaliste, en ce sens qu'elle traduit des formes au lieu d'écrire des signes, et tente enfin de s'isoler de l'architecture, jusqu'à ce qu'elle secoue, plus tard, au siècle de la beauté tranquille, le vain manteau diapré de la peinture, et, toute nue, quittant le temple et les dieux inconnus, s'achemine enfin vers la vérité, vers la vie, vers l'homme !

Aussi bien, les influences extérieures, — orientales toujours, — ne furent pas étrangères à ce développement logique d'un art essentiellement *humain* en son but, en son sens, en sa matière ; et si, négligeant la tradition inventée un jour par la vanité des Grecs et si soigneusement entretenue par eux, qui leur attribuait l'invention de tous les arts, on pense aux probables relations de la riche Corinthe, une des premières nées à la féconde vie des arts, avec les grandes civilisations d'Orient, par l'intermédiaire des Phéniciens, ainsi que nous avons essayé de le démontrer pour l'architecture [1], on aura, comme toujours, sous la légende, l'explication de l'histoire. En fait, historiquement et logiquement, le bas-relief est le développement du tracé figuré sur les temples ou sur les vases ; et la statue, de même, est issue des formes du potier. Le vase devient Dieu d'abord ; mais Dieu se fait homme, à l'heure nécessaire de la vérité et de la raison. Ainsi, les trois degrés de croissance de la sculpture, correspondant toujours à de précises époques de l'histoire, sont bien caractérisés en ces trois types d'ouvrages : le Vase, le Dieu, l'Homme.

Déjà le lointain potier pélasge, bien longtemps, sans doute, avant la grande arrivée des images et des rêves d'Asie, le mystérieux ancêtre, le presque inconnu précurseur du Grec pensif qui « ouvrira les yeux des idoles de bois, » donnait à l'argile qu'il tournait entre ses doigts malhabiles l'apparence d'un beau sein, comme si son âme présente d'enfant, — son âme future d'artiste, — eût voulu sentir, par le divin toucher des doigts, la forme et le désir encore du sein maternel qui l'allaita [2] ! Et, sans parler de l'âge de pierre, qui fut commun sans doute à toute l'Europe et pendant lequel un métier grossier d'artisans à demi sauvages tentait une sorte de rudimentaire sculpture aux haches de silex, il paraît certain que, dans la Grèce orientale, et dans les îles légendaires, déjà gagnées, en cette nuit préhistorique, par le vent qui venait d'Asie, chargé d'art, de parfums et d'idées, des ébauches de beauté naissaient aux mains étonnées des hommes.

Longtemps même avant toute influence d'Egypte ou d'Assyrie, les vases d'argile, œuvres brisées et vivantes encore, témoins blessés et beaux de la terre et du feu, comme le prouvent ceux qu'on trouva naguère à Hissarlik, peut-être dans les restes des murs mêmes de Troie, et ceux de Santorin, et, vraisemblablement, toutes les poteries « gréco-pélasgiques » de ces temps très lointains, semblent révéler, à des époques fabuleusement reculées, un commencement de civilisation artistique, à demi barbare, de paysans lointains et doux. Mais bien des siècles passeront avant que le vase, informe et délicieux, renflé en forme de gorge féminine, sans cesse modifié sous la main amoureuse des hommes, s'usant aux baisers des enfants pour renaître plus parfait et plus fragile sous les doigts du rude ouvrier, transmué à la flamme du feu symbolique en bronze sacré ou en verre subtil, aboutisse au torse vivant et pur, au sein puissant et doux de l'Aphrodite, qui dormait sous la terre de Milo, et que sculpta dans la joie l'inconnu génie, pour la gloire des dieux et l'étonnement des hommes !

Cependant la représentation réaliste, — presque le portrait, — était arrivée, en Egypte, dès les temps les plus anciens, à une extraordinaire perfection. L'explication en pourrait venir de l'influence d'une religion très particulière, celle des anciens Egyptiens, qui enseignait que l'être, après sa mort terrestre, en entrant dans la seconde vie, la vie sépulcrale, emportait avec lui son « double, » dont seule la disparition définitive devait amener la mort totale, le retour au néant, après que l'âme, représentée sous la figure d'un oiseau, et, avec l'âme, le « lumineux, » parcelle de flamme détachée du feu divin, auraient cessé d'aller et de venir, de la tombe, où dormait le double avec le corps enfermé, au pur séjour des dieux. Le *double*, en conséquence d'un tel dogme, devait être enclos dans la tombe mystérieuse, — Mastaba, — avec la momie embaumée et ceinte de bandelettes, représenté lui-même par des images, en grand nombre, de bois ou de calcaire, moulées à la ressemblance du défunt, qu'elles accompagnaient, pour les siècles, dans cette intermédiaire vie. Et ainsi, pour que les dieux les puissent reconnaître à leur exacte ressemblance, et prolonger indéfiniment la vie de ces étranges « substituts, » à laquelle est seule attachée la survivance tant espérée, depuis l'élégant Pharaon, le beau Khâfri, jusqu'au nain difforme, l'affreux Knoumhoptou, chaque mort emportera dans la tombe de multiples images de son être, pieusement sculptées par le bon imagier de Thèbes ou de Karnak. La célèbre statue de bois du musée de Boulaq, portrait merveilleusement vivant du bon Ramké, surintendant des travaux, retrouvée ainsi dans le sépulcre, hélas ! violé, passe pour avoir près de six mille ans. C'est un âge respectable, même par rapport à l'âge probable du monde. Vraiment, il y a déjà si longtemps que la pauvre humanité aime et pense, et qu'elle sculptait son amour ! Quel perpétuel recommencement, et quelle vanité de croire inventer encore quelque chose, si l'on ne songe que l'art, comme la vie, n'est au fond que la sensation toujours nouvelle devant l'immuable inconnu, l'expérience, réapprise toujours, d'un être ou d'une race ! Et les chefs-d'œuvre, alors, qui jalonnent la route humaine, nous apparaissent un peu plus semblables entre eux, dans la fraternité du beau, comme voisins, à travers l'espace, dans les altitudes, — dans l'atmosphère de l'absolu, — parmi les grands témoins du temps. La notion même du temps s'abolit pour eux : le grand sphinx de Giseh, taillé, en pleine montagne, par un peuple d'artisans au service d'une volonté artiste, manifestation colossale d'un art complet et définitif, est-il, comme l'affirme M. Maspero, l'œuvre des générations antérieures à Mini ? Ne l'est-il pas ? Qu'importe, si, du fond du désert, il regarde encore l'infini ! Il y a une ivresse pure à penser que Mini se fit roi à Memphis, bâtit des temples de granit et d'or, fonda la monarchie héréditaire sur les ruines de la théocratie sacerdotale ; et que tout cela est mort, et qu'il en reste, de par cette flamme, l'*art*, de la joie aux yeux et de l'idée au monde, quatre mille ans avant qu'un enfant triste et délicieux naquît d'une vierge à Bethléem, au fond d'une étable, où vinrent prier, par les anges conduits, d'adorables bergers, symbole des pauvres, des doux et des humbles ! Pour l'Enfant divin, on refera des œuvres d'amour, comme on fit des œuvres d'orgueil pour le tout-puissant Pharaon — mais le temple, mais tous les temples seront détruits, le grand sphinx achèvera de mourir dans son linceul de sable, — et non la représentation d'amour et de charité. Quel art maintenant la donnera complète et significative, si la sculpture n'y peut suffire ?

En Egypte, le sphinx colossal tient à la montagne ; la divinité tient au temple ; du même, la statue de bois est attachée à la momie, et la sculpture fait bloc avec l'architecture. Aussi la plastique reste-t-elle l'humble esclave de la construction symbolique : le temple seul est significatif en son tout. Mais bientôt l'industrie phénicienne, qui, depuis longtemps, avait exercé une action sensible sur les Grecs des îles et du Péloponèse, pénétrait jusqu'en Argolide, en Attique et en Béotie. Et, par un curieux effet de son histoire, selon que ce petit peuple phénicien, ingénieux, actif, et savant, que j'ai appelé [3] le « commis voyageur » de l'antiquité, se trouvait en relations commerciales avec l'Egypte ou avec l'Assyrie, l'influence changeait des modèles qu'il offrait à l'imitation des villes grecques : ouvrages d'argent et d'or, de verre ou d'ivoire, travaillés par les orfèvres et les verriers de Tyr et de Sidon, ou statuettes religieuses et vases précieux fabriqués en Egypte. Peut-être même la providentielle fusion de toutes les qualités orientales, noblesse hiératique des statues égyptiennes, exécution précieuse et ferme à la fois des œuvres d'Assyrie, — *art et métier*, — dans ce creuset que fut le génie attique, fait de mesure et de goût, et fondu lui-même à une heure plus fortunée du monde, en cet alliage dorien et ionien, suffira-t-elle à expliquer l'éclosion lumineuse et la perfection prochaine de la sculpture, en la ville privilégiée, en la cité suprême, Athènes. Il est certain, à tout le moins, que cette perfection sera le résultat d'un long enfantement, précédé d'essais gauches ou rares, toujours caractérisés par un désir d'humaine vérité. Et si, pour ne citer qu'un exemple, on constate la présence à Mycènes, dès le XIVe siècle peut-être, plus de six siècles avant les chants homériques ! de ces purs stylets d'or, trouvés par Schliemann dans les tombes des rois ou des héros, lames ciselées merveilleusement, où parmi les arabesques fleuries courent de symboliques animaux, d'un dessin si ferme et d'une vérité si précise, simultanément avec ces stèles grossières, où des artisans, indigènes sans doute, s'essayaient vainement à copier, sur la pierre dont ils scellaient les tombes de leurs princes, le travail raffiné des beaux objets venus d'Orient, comment expliquer le fait, à moins d'imaginer ces grands batailleurs, voleurs et puissants seigneurs, — qui rappellent étrangement les comtes et barons pillards des bords du Rhin, en leurs nids d'aigles, aux temps similaires de notre Moyen âge, — achetant, après un jour de rapine heureuse, sur les routes d'Argos, des poignards d'or ou des ceintures ouvragées à quelques Phéniciens ambulants, venus par la mer bleue, sur les grandes barques aux voiles peintes ?

Ces Phéniciens sont étonnants, en leur errante activité ; transporteurs d'or et transmetteurs d'idées, ce sont bien les Juifs de l'antiquité. Ils étaient d'ailleurs d'origine sémitique ; ils avaient pour voisins, quand ils rentraient par hasard dans l'étroite terre de Syrie, pressée entre la montagne et la mer, d'où ils étaient un beau jour partis à l'aventure, les Juifs établis à l'est du Liban, et les Hétiens, un peuple curieux, nouvellement inventé par les archéologues pour expliquer quelques très vilains monuments qu'on ne savait trop à qui attribuer. Ils parcoururent tout le monde connu des temps anciens, très semblables déjà à leurs frères futurs, qui, comme eux industrieux, souples et fidèles, avides d'espace et d'or, sans préjugés et sans sol, toujours en marge des nations, joueront dans le monde moderne, aussi longtemps qu'ils ne se laisseront pas absorber par les races qui les entourent et les enserrent, mais ne les oppriment plus, un rôle étrangement fort, irritant et tenace, providentiel sans doute dans le mal comme dans le bien, et peut-être indispensable à la marche de la pensée sur la terre. Car ils semblent chargés de préparer ou d'annoncer pour l'avenir, de promener avec persistance à travers le monde moderne où ils passent dispersés partout, mais unis toujours, l'idée d'une société plus cosmopolite et d'une humanité plus ouverte, comme leurs ancêtres, dans le inonde ancien, avaient, parmi la foule des dieux, obstinément promené Dieu.

Cette puissance mystérieuse, féconde et corruptrice, du commerce et de l'échange, cette « force sacrée de l'or » qui fit et défit la *cité* antique au profit de cette association plus grande qui est la *nation* moderne, les Phéniciens, seuls dans l'antiquité, la connurent, sans en soupçonner sans doute tout le sens mythique et social, et l'exercèrent pendant des siècles sur la Grèce naissante. Ils ne furent, à aucun degré, des créateurs, — les monuments retrouvés le prouvent, — mais des intermédiaires merveilleux, qu'il faut remercier grandement, d'indispensables « commissionnaires d'idées. » A l'impulsion vivifiante que donne leur passage à travers les îles, et plus tard jusque dans la Grèce continentale, succéderont bientôt les efforts indigènes, et, de la richesse croissante parmi les cités nouvelles, voisines et rivales, les « besoins de beauté » feront naître les artistes, après les héros, et près des poètes.

Une des différences les plus frappantes, entre l'art égyptien, considéré comme beaucoup plus ancien, et l'art grec, comme plus moderne et plus voisin de notre âme actuelle, c'est que l'un resta comme immobilisé dans ses règles mêmes, et que l'autre progressa sans cesse, — parallèlement à l'affranchissement des esprits, — vers une plus humaine liberté. Il est certain que la sculpture égyptienne resta attachée à des traditions immuables, presque à d'étroites habitudes d'art, que jamais, à travers de longs siècles de prospérité et de travail, elle ne voulut ou ne sut quitter. Les Égyptiens se formèrent et gardèrent a tout jamais de l'être humain un type conventionnel, de majesté tranquille et précise, dont ils firent, sans cesse et sans lassitude, en l'agrandissant démesurément ou en le diminuant sans nulle modification, le dieu, l'homme, ou l'enfant. L'être, pour eux, restait sculpturalement à l'âge toujours de l'adolescente beauté ; à l'âge où il importait qu'il fût reconnu un jour par les dieux dans le silence des hypogées, et conservé dans sa force et sa santé, pour une autre vie. Enfermés, comme leurs momies patientes en l'attente du divin, » dans les bandelettes sacrées d'une étroite théogonie, prisonniers d'une religion sans tendresse et sans joie, s'ils connurent le sentiment de la force et déjà, à de rares intervalles, de la grâce, qui sera la source prochaine de beauté parfaite, ils n'eurent jamais ce que la Grèce pressentira, aux heures sublimes de Phidias et de Myron, ce que nous sentirons, chrétiens et modernes, jusqu'à la souffrance, ce qu'agrandira jusqu'à l'impossible l'avenir : le sentiment de l'humanité.

En Grèce, et seulement en Grèce pour toute l'antiquité païenne, l'être se dégage complètement du mythe ; la sculpture s'échappe enfin de l'architecture, et, en moins de deux siècles, s'émancipe et s'épanouit en chefs-d'œuvre purement humains. L'Homme, enfin, beau, heureux et nu, sort du sombre tombeau où les Egyptiens avaient cru enclore à jamais le « double » avec la momie ; Dédale a « ouvert les yeux, et délié les bras et les jambes [4] » de la primitive statue. Des « Xoana », simples idoles de bois, les vraiment premières statues de la Grèce, que Pausanias, qui voyageait au premier siècle de notre ère, pendant les temps d'Hadrien, put voir encore, dans les temples, exposées à l'adoration des fidèles ; des « Xoana » aux grandes œuvres du bronze ou du marbre, le progrès est rapide et sûr. Les formes se dégagent, s'affinent, se « personnalisent », et bientôt semblent vivantes sous la main des sensibles artistes, fils des probes artisans. Les forgerons, habitués à fabriquer des armes, appliquent à la statuaire les procédés techniques acquis au labeur plus grossier, et, — comme, au moyen âge, en Italie, feront les orfèvres, insensiblement devenus les sculpteurs, — les « toreuticiens » de Samos, d'Argos et de Chio, déterminent, en de graves ou charmantes œuvres, les lois de la sculpture en bronze.

La croissance artistique, dès ce moment, en Grèce, est prodigieuse ! L'art éclate de toutes parts. A relire cette admirable histoire, comme on regarderait une plante en un merveilleux jardin, on voit, littéralement, pousser la Beauté ! Les événements se précipitent, les victoires et les défaites, les travaux, le commerce et l'ardeur du peuple qui sera le divin, l'éternel artiste du monde. Du VIIe siècle, où l'Artémis de Délos n'est qu'une variante encore [5], à peine réveillée, des Xoana vaguement féminins, — Belles-au-bois-dormantes dans leurs gaines de cèdre parfumé, que, un peu plus tard, on imitera avec plus d'art dans le calcaire plus dur, ou dans le tuf encore ductile ; — au VIe siècle, où apparaissent les grandes statues archaïques d'Apollon (de cette école dorienne qui semble la première contenir le germe de l'art personnel et comme autochtone du génie grec), où *s'humanisent* les beaux marbres du fronton d'Egine [6], où, dans l'Attique enfin, un peu retardataire encore, Endoïos, élève du légendaire Dédale, ose sculpter en marbre les premières images enfin vivantes d'Athéna ; puis, du VIe siècle à la première moitié du Ve, qui voit naître et se placer en rang près du sanctuaire les souriantes prêtresses aux ajustements polychromes, et au jour, fameux entre tous, de la troisième année de l'Olympiade 85, où la grande Athéna-Parthénos, la déesse chryséléphantine, la « Vierge, » chef-d'œuvre de Phidias illustre et déjà menacé, fut placée dans la *cella* du Parthénon reconstruit, sous l'archontat de Theodoros, quelle progression merveilleuse d'art marmoréen ! et quelle radieuse procession de statues, jalonnant le chemin de l'histoire, encombrant d'un peuple de divinités vivantes le sommet sacré de l'Acropole ou les blancs abords des temples d'Olympie, déesses graves et douces sous les draperies coloriées, nudités sacrées, mais heureuses enfin, images, pour la première fois aimées, de la femme ! Hélas ! les barbares oseront toucher ces êtres purs, fils de l'homme qui désire et du feu qui purifie, et traverser et meurtrir le cortège sacré : les fines servantes de la déesse, malgré l'or et le carmin de leur « himation, » malgré la douceur muette de leur rire divin, furent renversées un jour, en 480, par les Perses vainqueurs. Blessées et douloureuses, et plus belles dans le sang de leurs vives couleurs, elles attendirent en vain la bataille de Salamine, qui sauva le monde de la barbarie magnifique d'Orient, mais non pas leurs grâces fragiles et délicieuses. Dédaignées par de plus nouveaux maîtres, — les *réalistes* du temps de Périclès, — elles furent enfouies, à la hâte, entre des couches alternées de moellons et de terre, et couchées, sans pompe et sans deuil, dans le remblai qui allait porter, reconstruit par Phidias et Iktinos, le Temple neuf, — le Temple, par excellence, — le Parthénon de 434. Puis, réveillées, après vingt-deux siècles, de leur mort divine, par les enfants inquiets et curieux d'Occident, elles nous ont, comme en une vision soudaine, apporté la grâce inconnue et l'esprit intime de l'art à son adolescence ; le parfum, si longtemps perdu, de la vraie antiquité. Et, de nouveau, on les voit, en esprit, se dresser autour du vieux temple des Pisistratides, debout sur des bases en forme de colonne, toutes fraternelles, heureuses et symétriques, en leur fin vêtement plissé, les cheveux peints et déroulés sur le dos en longues boucles frisées, la jambe gauche portée en avant et, de la main, relevant légèrement les plis de la robe diaprée… Elles souriaient,… elles semblent songer encore,… filles plus libres déjà, avec leur regard fixe et leurs lèvres peintes, des longues déesses d'Ionie retrouvées naguère à Délos, et sœurs lointaines des Madones futures revenues de Byzance aux chapelles d'Italie, avec l'ancien sourire et l'âme nouvelle.

Les redites de l'histoire sont sans doute les parentés de l'esprit et du cœur humain. Florence sera l'Athènes chrétienne, et Paris sera la Florence nouvelle, chère aux dernières Muses. Au temps où Phidias étudiait la sculpture chez Ogiladas l'Argien, Myron d'Eleuthère, qui fut son condisciple, restait fidèle aux premiers enseignements de l'Ecole, et continuait à travailler le bronze. Car Argos fut surtout une école d'orfèvres. Et, curieusement, l'analogie se pourrait continuer de ce VIe siècle grec avec le XIVe, à Florence, où, des boutiques d'orfèvres, au Ponte-Vecchio, sortent pensifs les futurs sculpteurs. Myron, réaliste énergique et rude encore, est le Donatello de l'antiquité. Kalamis en serait le Cellini, plus curieux ou plus élégant, dont les œuvres étaient, au dire de Denys d'Halicarnasse, comparables à celles de Lysias, « pour le soin et la grâce. » Tous deux, en effet, sont sur la limite de l'archaïsme, au point presque parfait d'équilibre, dans toute genèse d'art, où *l'art* encore jeune et sincère s'exalte jusqu'au savoir le plus pur de l'ouvrier, où le métier, déjà merveilleux, n'étouffe pas encore la libre émotion de l'artiste. Phidias peut venir, comme viendra Raphaël, dire les mots des sommets, les paroles qu'on ne continue pas. Après eux, après les buissons ardents où les Moïse voient Dieu, il n'y a plus de chemins d'art que pour redescendre, — délicieusement, — la montagne divine !

Aux dernières heures de l'archaïsme attique, Cimon, préparant les jours de Phidias, répare les ruines des guerres persiques, enclôt de murs l'Acropole, commence les substructions du nouveau Parthénon, et construit le Théséïon, où des mains inconnues, plus savantes ou plus audacieuses, sculptent sur la irise qui court autour de la *cella* la lutte des Lapithes et des Centaures, aux noces de Pirithoüs. Bientôt Périclès gouverne. Il appelle Phidias. Il est l'ami de l'artiste superbe. Il croit en lui comme à une force de son temps et de son gouvernement. « Athènes, dit Plutarque [7], abondamment pourvue de tous les moyens de défense que la guerre exige, doit employer ses richesses à des ouvrages qui, une fois achevés, lui assureront une gloire immortelle. » Temps heureux et sages, — temps absurdes et délicieux, — où le choix des couleurs pour la tunique d'Athéna passionnait toute la République, où la mesure des colonnes du temple était l'étiage du sens moral de tout un peuple, où la beauté fut vraiment, pendant quelques années, quelques heures du monde, toute la politique, toute la gloire et toute la vertu !

Quoi qu'il en soit, ces bons Grecs, ancêtres un peu des futurs Français, exilèrent Phidias glorieux, comme on exilera Dante et David. Et Phidias, las et découragé, partit pour Olympie. Les méchants et les sots seraient-ils donc, en fin de compte, utiles, ou les grandes injustices historiques seraient-elles nécessaires ? puisque, sans l'ingratitude des Athéniens, Phidias ne serait peut-être pas venu à Olympie éveiller à la vie tout un peuple de sculpteurs, et allumer à la flamme de son génie un incendie de beauté qui illumine encore les modernes sommets. Car Olympie fut alors le sol sacré des jeux et des fêtes liturgiques où vinrent aboutir et s'unifier dans la joie toutes les croyances des diverses races helléniques en une forêt de dieux et en un carrefour d'art. A Olympie germa et fleurit en deux et trois siècles l'immense moisson de chefs-d'œuvre, où prendront à pleines mains les empereurs de Rome et de Byzance, afin que puisse venir jusqu'à nous la trace lumineuse de tant de splendeurs. Comme la victoire des Athéniens sur les Perses avait empêché sans doute la civilisation occidentale de devenir asiatique, la prise de Constantinople par les Turcs, au XVe siècle de notre ère, sera plus tard l'unique chance de retour, en notre Occident, de l'art antique, par l'exode des ouvriers chrétiens, chassés de la ville d'or. Sans la bataille de Poitiers, nous serions peut-être tous musulmans. Il y a certainement des villes, — comme des êtres, — privilégiées. Il y a, à certains moments de l'histoire, des heures décisives, des « jours de l'homme » qui expliquent, pour un temps, l'énigme de l'humanité.

Après Athènes, le rôle d'Olympie dans l'histoire de la sculpture grecque fut considérable, en ce sens qu'il détermina, — comme je l'ai dit, en centralisant les efforts en quelque sorte *provinciaux* des Hellènes autour d'une *capitale* de jeux et de religion, — la marche des « arts du temple » jusqu'à l'extrême décadence. On prit de toutes parts l'habitude de consacrer, en la ville sainte, comme des *ex-voto*, des statues représentatives de souvenirs locaux ou de grands hommes déifiés. Et surtout, l'usage s'étant de bonne heure établi d'élever aussi des statues aux vainqueurs des jeux athlétiques, du même coup la représentation uniquement cherchée de l'homme nu, en sa force et son triomphe physiques, amène très vite les artistes à se défaire des habitudes conventionnelles des anciens sculpteurs de divinités. La signification et la beauté de la sculpture, art essentiellement tangible, qui ne vaut que par sa réalité pure, — sa vérité *mesurée*, — en sont subitement agrandies. Et, de ce hasard encore, de cette nécessité historique, se fait en sept ou huit olympiades, pas davantage, le décisif progrès. Les premiers vainqueurs aux jeux olympiques qui eurent leur statue sur la place publique sont Praxidamos d'Egine (olympiade LIX) et Rhexibios l'Opuntien (olympiade LXI), statues en bois qui étaient moins des portraits que des images encore conventionnelles, sans aucune

recherche de physionomie individuelle. Et, à peine cent ans
après, dans l'enceinte sacrée de cette même Olympie, mais *après
la venue* de Phidias, l'art le plus puissant et le plus élégant à la
fois couvre de hauts reliefs les frontons des temples et encombre
de parlantes statues le bois sacré de l'Altis, dont les noirs cyprès
et les oliviers pâles promenaient de transparentes ombres sur le
grand temple polychrome de Zeus olympien. Alcamènes, qui a pu
être un moment le rival de Phidias, garde, avec moins de liberté,
la pure tradition attique. Paonios de Mendé, sur la commande
de Messinicus, sculpte la grande Niké, retrouvée à Olympie, —
l'aïeule sévère et hardie, un peu gauche encore, de la Victoire de
Samothrace, et de la petite déesse ailée de Pompéi, — coureuse
hère qui passe, le corps audacieusement porté en avant et dessiné
nettement sous les plis du « chiton » gonfles par le vent. L'Argien
Polyclète, plus sévère, continue la tradition du Péloponèse, en
exécutant des statues d'athlètes. Négligeant les grandes envolées
de draperies, renonçant bientôt à la manière chryséléphantine,
cette forme ultime et merveilleuse de l'art polychrome appliqué à
la statuaire, il revient à la pure étude de l'homme, résume en une
étude profonde, presque scientifique, tous les efforts de l'école, crée
un type dont toute l'antiquité se servira et abusera, le célèbre, —
trop célèbre, — Doryphore, en fait le « canon » des proportions
de l'homme adolescent, et écrit un traité sur le tout. C'est bien là le
résumé et la fin d'une école.

Au IVe siècle, en effet, tout change en Grèce, — l'art avec la
politique et le goût avec les idées. De plus en plus la passion
de la réalité entraîne les sculpteurs vers la représentation des
mouvements libres et justes, familiers même. Et, du même coup,
naît la statuaire intime, Fart charmant des figurines. Les déesses
spirituelles, avec les fins éphèbes, sont descendues des frises et des
vases, et courent les rues d'Athènes ou les chemins de Béotie. Les
coroplastes, — les « modeleurs de poupées, » comme ils s'appelaient
eux-mêmes, — encombrent de leurs petites boutiques, bien
achalandées, les ruelles du Céramique, à Athènes. Leur commerce,
amusant la foule et bientôt populaire, anime, enrichit, illustre
même les jolis bourgs béotiens, aux noms charmants, de Tanagra,
d'Audlis et de Thisbé [8]. L'art se popularise, et se vend au détail.
C'est le signe des temps complets, mais aussi le péril mortel à toute

supériorité. Tout art qu'on peut vulgariser est celui qui *venait d'être nécessaire*, celui qui avait seul ce que j'ai appelé le « consentement du peuple, » intérieure et comme secrète raison de vérité, mais combien passagère, puisqu'elle ne suffira plus peut-être à la génération suivante et mourra de sa floraison même. La rançon de la gloire, pour les œuvres certainement comme pour les individus, c'est la dangereuse popularité, et c'est l'inévitable vulgarisation, — les *chromos* des peintres et l'*orgue de Barbarie* des musiciens aujourd'hui, comme jadis, en Grèce ou à Rome, les terres cuites à la douzaine. Mais ce danger, comme cette gloire, ne vient qu'à l'œuvre significative de son temps, c'est-à-dire qui a contenu, à son heure, une part de nécessaire vérité. Et quand la mode, — fugitif parfum du temps, au fond si précieux à retrouver un jour, — se sera évaporée des pauvres œuvres, vieillies et touchantes encore, le résidu de l'ouvrage un jour populaire, parce que sincère, sera de la beauté.

Le clair génie grec, protégeant la réalité du réalisme, exigeait que la grâce tempérât la force. Scopas de Paros semble le plus beau maître d'une école qui résuma ce moment, admirable encore, de l'art antique. Sous sa main violente et précise à la fois, l'homme sculpté se fait plus élégant, — presque trop élégant déjà, — dans l'allongement des formes, par la petitesse de la tête en particulier. Les belles draperies, comme mouillées, s'enlacent aux jeunes torses, et, baisant amoureusement les gorges entrevues et les cuisses virginales des déesses, se soulèvent, en plis pressés, au vent naissant de l'idéal passionnel. Parmi les grands chefs-d'œuvre qui pourraient être, sans probable erreur, attribués à Scopas lui-même, ou, en tous cas, à son temps, la « Victoire de Samothrace » et la « Vénus de Milo » sont les plus connus. Qui peut dire que ce ne soit pas là la limite de vérité sculpturale que puisse atteindre la main de l'homme, le maximum de vie que puisse contenir la forme et supporter la matière ? Puis vient Praxitèle, qui, déshabillant enfin les déesses, retrouve sous les voiles mythiques la femme vivante, éternel désir. « Cyréné, reine de Paphos, dit une épigramme contemporaine, à travers les flots vient à Cnide, voulant voir son image ; et, après une longue contemplation, elle dit : « Où donc m'a vue, toute nue, Praxitèle ? » Le type féminin était trouvé, dont toute la statuaire antique, — et toute la moderne, — allaient désormais s'inspirer, prisonnières, peut-être à jamais, toutes les deux, de la vision grecque. Vainement, quelque jour, tentera de s'en affranchir la sculpture chrétienne, aux temps dits « gothiques. » La Renaissance n'est qu'une rechute. La magnifique leçon aurait-elle à tout jamais façonné l'âme sculpturale du monde civilisé ?

De fait, les Grecs ont pour toujours arrêté la sculpture au bord du rêve ! Le but suprême du sculpteur sera donc à jamais la représentation de l'homme, de l'homme visible, de l'être au repos aux belles époques, de l'être au mouvement plus ou moins violent aux décadences, comme si l'agitation de l'homme trop pensant était incompatible avec l'harmonie stable des plus belles formes. On ne sculpte pas l'inquiétude ; et le monde moderne n'est grand peut-être que de ses inquiétudes. Exprimer la douleur était déjà, pour le sculpteur antique, une exception, presque une laideur. Quel danger, pour le moderne, de s'essayer à traduire la douleur des âmes nouvelles ! On ne rendra pas triste le marbre : sa blancheur est de la joie immobile. Et seuls, les vieux Grecs du Ve siècle ont tenu un moment dans leurs fortes mains la véritable Beauté.

Après Scopas et Praxitèle, la pure tradition attique se disperse en écoles diverses et rivales. Lysippe, qui vivait à Sicyone, est le sculpteur d'Alexandre le Grand ; et Alexandre va détruire toutes les belles indépendances de vie, — et par conséquent d'art, — de la Grèce. Athènes, alors, n'est plus dans Athènes ; l'art n'est plus au pur foyer. Le génie, promené à travers tout le royaume nouveau du conquérant, allume encore ici et là de belles flammes, mais se vend et se prostitue. Des ouvrages commandés en hâte, ingénieusement décoratifs toujours, insuffisamment humains, s'accrochent encore à des monuments de vanité, non de nécessité ou d'amour. C'est l'apparition de l'art officiel, d'où sortira toute la banalité pompeuse, — vide, mais superbement ! — de l'art romain. Enfin, en une certaine affectation de vie sentimentale, si contraire aux lois étroites de la plastique, en un maniérisme quasi littéraire, qui est l'aboutissement fatal de ce qu'on a appelé « l'art d'expression, » achève de se perdre la pureté simple des grands jours. La chute n'est pas longue : elle a ses trois étapes connues, dont les dates sont données par des œuvres célèbres : les bas-reliefs de Pergame [9], œuvre peut-être d'Isogonos, la force encore et je ne sais quelle puissance noble, mais dans la violence et l'exagération du mouvement, presque dans l'agitation, qui n'est que l'énergie des faibles ; — le « Laocoon [10], » classique chef-d'œuvre de l'école de Rhodes, l'effet théâtral, mélodramatique, l'effet « à côté, » sculpturalement faux, cherché uniquement par des artifices de composition, et des habiletés de modelé, admirables encore en des « morceaux ; » — l' « Apollon du Belvédère, » enfin [11], prototype et explication, — sinon excuse, — de toutes les décadences, c'est-à-dire tout ce que peut donner le métier perfectionné à outrance, sans la sensibilité de l'être imprévu, la pédante leçon ressassée sans amour et sans foi ! Les pauvres Grecs, vaincus et dépaysés, ont renoncé aux armes, à la gloire, à la liberté. Heureux et lâches dans la grande paix romaine, ils font encore des statues et des vers pour Rome, la lourde victorieuse, en attendant que Néron, empereur cruel, dit-on, mais artiste peu banal, vienne chanter chez eux, et pour eux, sur le théâtre sacré où avait paru l'*Œdipe Roi*.

Vainement un souverain éclairé, dilettante curieux en sa philosophie désabusée, tentera de galvaniser à Athènes même, puis à Rome, cette belle force endormie. Sous l'influence d'Hadrien, un curieux et comme maladif effort archaïsant rendra pour un temps la vie à des Phrynés modernement pensives, à des Artémis reprises du lointain sourire. Souvenirs et regrets,… que l'immense orgie romaine abâtardira, et que balaiera, pour une purification nécessaire, le flot prochain des barbares magnifiques, idiots et sains. Le beau déménagement de l'Empire, de Rome à Byzance, ne sauvera rien, et les chers chefs-d'œuvre, qu'on n'aura pas envoyés se faire violer et détruire par l'Islam triomphant, achèveront de mourir tristement en Italie. Il faudra attendre de longs siècles que, sous l'onde chrétienne, repousse la *forêt* gothique, pour entendre de nouveau, au bois des arbres animés, battre le cœur des images humaines, pour voir sourire aux niches des cathédrales des idées à forme d'êtres, bons saints gauches et doux, héritiers lointains des Apollons de Tenée, madones maladroites et peinturlurées, sœurs inconscientes des Athénas bleues et rouges.

Pendant dix siècles, l'art s'est reposé ; et plus particulièrement la sculpture. Le christianisme naissant, — effort très pur au-dessus des réalités, « au-delà des forces humaines, » — avait-il besoin d'un art ? L'expression figurée, du moins par la plastique, était incompatible avec une religion toute d'esprit, de douleur et de sacrifice : l'idée de renoncement à la matière ne saurait être une idée de beauté, de matérielle et visible beauté. « En vérité, un jour viendra où vous n'adorerez plus Dieu en ce temple, ni dans aucun temple, mais en esprit et en vérité. » Tout ce qu'il y a d'avenir et de splendeur morale en ces paroles s'opposera, chaque jour davantage, au grand rêve de la chair, qui est précisément l'art de la terre et du feu. Cette religion n'est pas *sculpturale*, non plus que toute idée abstraite. Encore bien moins le seront toute expression scientifique et toute conquête de l'esprit d'analyse. C'est par un reste d'indispensable paganisme que la religion nouvelle, aux premiers siècles de notre ère, pour reprendre les cœurs faibles par les yeux, se cherchera un art. Encore le christianisme se contentera-t-il pendant longtemps de prendre et de s'approprier des formes païennes, à peine démarquées pour son usage. L'idéal premier, — malheureusement pour le rêve du penseur, heureusement pour l'artiste futur, — se déformera bientôt sur la grand'route des siècles, et le temps laissera filtrer dans le temple triste et douloureux un rayon de l'antique soleil. Et, ne pouvant cesser tout à fait d'être humain par quelque côté, si divinisé que l'ait tenté le Fils de l'Homme, il acceptera de nouveau le manteau de beauté des choses. Mais la couleur seule alors paraîtra capable de voiler les défauts de la forme avec les ignorances de l'ouvrier nouveau. La peinture sera la forme chrétienne de l'art éternel.

Fugitive, ignorante et clandestine au fond des catacombes, — deux fois interdite, et par la loi et par l'idée, — que pouvait, en effet, produire et signifier la sculpture, en ces temps de misère ? Où il n'y a pas de lumière, il ne saurait y avoir d'art plastique ; la sculpture est fille du grand soleil. Les ombres violentes sur les bas-reliefs des frises, les larges taches sombres opposées franchement aux *plans* de lumière sur les formes des êtres, dans tous les pays antiques de grande clarté, c'est presque tout l'art du sculpteur, aux belles époques. On sait que l'*éclairement* d'une sculpture est toujours un délicat problème ; et les plus belles œuvres sont celles qui supportent le plus grand « jour. » C'est aussi qu'à cette « épreuve de lumière » se reconnaît le large métier, serviteur du grand art. A l'idée nouvelle, qui se cachait pour vivre et grandir, la sculpture devenait donc inutile. C'est un art toujours de triomphateurs, et de vérité publique, non de rêve secret. On ne sculpte pas le mystère, ni le songe, ni l'abstrait ! Et le grand rêve chrétien emplissait déjà la nuit du monde romain. Pour des dieux auxquels on ne croyait plus, pour des empereurs passagers ou détestés, les artistes travaillaient sans conviction, partant sans force et sans grâce. Le Grec, plus ou moins mal payé, qui venait à Rome travailler pour les gens riches et les patriciens à la mode, artisan sans liberté, artiste sans amour, y perdait vite toute tradition. La lassitude et l'indifférence, fussent-elles encore d'une délicieuse élégance, étaient au sommet de la société. Et, tout en bas, le peuple, ou se propageait, comme un incendie, la foi nouvelle, retirait insensiblement, sans qu'on pût s'en apercevoir, et sans qu'il le sût lui-même, l'indispensable force de sa confiance aux œuvres qu'il ne comprenait plus. Et, hors de ce « consentement » tout art allait être aboli. Cent ans après le règne d'Auguste, les bas-reliefs de la colonne Trajane sont d'une frappante médiocrité. Les sculptures de l'arc de Constantin sont des œuvres barbares d'une statuaire tombée en enfance. Ici finit vraiment le monde antique.

Toutes les statues trouvées dans les catacombes sont de signification artistique à peu près nulle. Ce sont, dans la plupart des cas, des images assez douces de « Bons Pasteurs » qui ressemblent fort à des bergers romains à peine christianisés ; des effigies de dieux païens, pris parmi les plus aimables, démarqués à peine et à la hâte baptisés ; ou des statues de rhéteurs dont on grattait tout simplement le nom ou l'épigraphe au socle pour y mettre un nom d'apôtre : il y a là, tout au plus, de quoi ne pas perdre tout à fait la trace presque effacée qui va de l'art romain au moyen âge. En ce sens, les statuettes, rares et gauches, des premiers temps chrétiens sont les « Petits-Poucets » informes qui perdront le chemin de la beauté, mais le retrouveront un jour pour transmettre les paroles nécessaires aux imagiers des naissantes cathédrales. A Byzance, pourtant, par un effet tout autre de cette orientale influence, qui se retrouve à toute origine, pendant que les pauvres chefs-d'œuvre, arrachés de Rome ou d'Athènes, dépaysés et tristes, s'ennuient sur leurs socles, et achèvent de mourir au soleil, la peinture qui, bien mieux que la sculpture, aime les fautes ou les pardonne, recommence sa besogne ornementale et fleurie, cache, non sans malice, sous les arabesques empruntées à la Perse ou à Bagdad, l'homme qu'elle ne sait plus bien voir ni dessiner ; et, gardant encore l'habitude et comme le calque — bien usé ! — du geste romain, met « de l'antiquité, sans le savoir, » sur des fonds d'or. De fait, la mosaïque, qui va devenir une des plus importantes et des plus significatives formes d'art, et les industries, modestes et fidèles, de l'orfèvrerie, du verre, de la céramique et des ivoires, garderont l'antique tradition bien mieux que la sculpture proprement dite, — en cela servantes de la peinture. Et, pendant que le sculpteur, indéfiniment, utilisera des sarcophages païens pour en faire des tombes chrétiennes, et bientôt même la table du sacrifice qui sera l'autel chrétien, le peintre tracera discrètement au fond des humbles chapelles, ou le long des corridors que suivront les catéchumènes, de timides figures, déjà doucement nouvelles, qui, tristes et pâles à la lueur vacillante des lampes, regarderont d'un sourire qui semblait perdu.

Par quel merveilleux effort, ou plutôt, comme toujours, par quel secret enchaînement d'idées, dont les liens historiques souvent nous échappent, ces grands et saints « tailleurs de pierre, » qui sculptaient les têtes aux chapiteaux et aux gargouilles des cathédrales de France, ont-ils retrouvé, un beau jour, au XIIIe siècle, le sens oublié du divin sous l'humaine apparence des formes ? Tel saint fruste et beau, — si différemment beau ! — qui vit dans sa niche au portail de Reims, est-il vraiment le frère de l'Ilissus, mutilé et splendide ? Ce sont des hommes pourtant, des hommes toujours ; et ils ne sont beaux, en de telles dissemblances, que par ce qu'ils contiennent d'également humain. Qu'y a-t-il donc de changé ? L'âme, et non pas tant la main du sculpteur. Et, pour retrouver la *vie*, source unique de l'art, il faudra que, par-delà l'esprit des temps, « sa main d'homme la délivre, » comme disait Gœthe au docteur Faust, la délivre de la prison de l'idée dogmatique. Alors il *reverra* la vérité des beaux corps, mais jamais plus il n'en *recomprendra* bien le sens antique. Désormais, l'œil de l'artiste regarde ailleurs ; le plus humble ouvrier d'Athènes eût souri de la grossièreté des statues qui nous font pleurer. C'est qu'un grand phénomène moral a changé sa joie en notre tristesse, sa sérénité païenne en notre chrétienne et plus fraternelle émotion. Le cœur plus troublé de l'humanité cherchait un art plus sensible. La visible transformation se fit-elle au retour d'Orient ? Vint-elle des souvenirs longtemps endormis sur la terre classique d'Italie, née de la mort même des chefs-d'œuvre, dans la poussière sublime de Rome, arrosée par le sang des hommes nouveaux ? Certains monuments de Ravenne indiquent peut-être l'heure encore mystérieuse de ce décisif changement. Car Ravenne est un carrefour ; Ravenne est une explication. On dirait qu'un grain de l'antique esprit, parfumé d'Orient, retombant sur ce sol toujours fécond, y a germé de nouveau, comme pour donner l'ancienne fleur d'art à des mains pures, vierges du vieux métier. Dans cet art naïf et brillant de la mosaïque, si délicieusement barbare, qui est la transition logique de la sculpture à la peinture, se peut voir sans doute le trait d'union de l'art antique à l'art moderne. C'est le premier manteau de beauté du christianisme triomphant. C'est par Ravenne, un jour [12], enclos en ces petits cubes d'or et d'azur qui tapissent comme d'impossibles plumes de paon l'oratoire bleu de Galla Placidia, que tout l'art, naguère chassé d'Italie, rentra au pays bien-aimé. Les sujets seuls sont changés ; mais, entre les fontaines bleues de Pompéi, œuvres d'art grec, et les absides d'or et de turquoise de Sainte-Apollinaire, imitées de Byzance, l'analogie d'*harmonie* est frappante ; c'est donc bien que la *couleur* apparaît déjà comme signification du nouvel art.

Pendant la longue enfance, secrète et persécutée, du christianisme, qui, à Rome jusqu'au Ve siècle, n'osait ni regarder ni détruire le peuple d'idoles inutiles et magnifiques restées debout par la ville énorme, les rares sculpteurs restés païens, par amour du marbre ou par regret des dieux, tentent vainement d'impossibles monuments. Le métier, qui n'exprime plus rien de nécessaire, n'étant plus traducteur de foi, se perd vite. L'extraordinaire décadence de la sculpture en ce pays encore peuplé de modèles, qui étaient souvent des chefs-d'œuvre, n'est explicable, en somme, que par un phénomène moral et historique. A la forme nouvelle de la croyance, de l'éternelle inquiétude humaine, il fallait le succès, le triomphe politique et social. Il n'y a que des idées victorieuses qui s'expriment définitivement en littérature et en art. Il fallait, encore un coup, le « consentement populaire » et la matière. Or, le peuple prit bien l'une, et avec quelle barbare violence ! pour servir l'autre ; les monuments sacrés, qu'avaient encore respectés les Barbares, devinrent d'immenses victimes, et comme l'inépuisable « carrière » où l'on puisait sans honte pour la hâtive reconstruction des choses et des idées. Vainement !... les pierres violées se refusèrent longtemps à signifier d'autres beautés. De fait, il n'y a pas de sculpture chrétienne avant la grande efflorescence gothique. L'art ogival, comme nous l'avons vu [13], à demi oriental dans ses origines, ayant presque oublié toute parenté romaine, demanda un beau jour des statues pour remplir de noms et de symboles les innombrables niches des portraits, ou pour terminer en vivantes idées les pinacles démesurément élevés vers le ciel ; et, par une charmante loi de vérité, à l'heure nécessaire, se retrouve le bon imagier, frère du lointain potier qui arrondissait les vases en formes d'êtres.

Peut-être l'admirable sincérité, la naïveté sublime de ces grands anonymes du XIIIe siècle, ne sont-elles qu'une forme, seulement différenciée par le milieu, de cette virginale, de cette incorruptible enfance de tout art qui recommence, de tout amour qui refleurit à l'ombre de la foi ? Je crois que toujours les grands artistes sont des « égaux sur les sommets, » des âmes complémentaires qui s'ignorent, mais qui se ressemblent, à travers l'espace et hors du temps. Il faut donc affirmer que ces inconnus sculpteurs « continuaient l'idée, » parce qu'il est nécessaire qu'elle ne périsse jamais, alors qu'ils croyaient peut-être « recommencer l'art, » après la mort de l'antiquité, c'est-à-dire après la disparition d'un art qu'ils soupçonnaient à peine, dont tous ignoraient et l'histoire et la technique. Cette affirmation paraîtra la plus voisine possible de la vérité profonde des êtres et des choses, si, par surcroît, l'on accepte comme probable une insensible et comme secrète initiation de ces instinctifs ouvriers de l'art chrétien au souvenir des formes entrevues un jour, connues à peine, devinées par je ne sais quel sens plus subtil, sur les ivoires rapportés de Byzance, ou sur ces grands reliquaires d'or et d'argent, cloisonnés d'émaux et incrustés de gemmes, où déjà les artistes de l'époque romane, dans le Sud de la France et dans les provinces d'Italie en rapport avec Ravenne et Venise, avaient cherché, d'un œil inquiet et d'une timide main, les entrelacs fleuris et les têtes symboliques des nouveaux chapiteaux. Voici le chemin, sans nul doute. Mais que l'aboutissement en est magnifique, à l'heure où dans la brume des soirs tristes et roses de l'Ile-de-France s'élèvent partout les cathédrales chantantes, pleines d'oiseaux, de prières et de symboles ! Cette heure, peut-être sans pareille, de l'art chrétien, sera courte, comme toujours et partout le sera l'effort, à jamais vain, de donner plus de pensée, — trop de pensée ! — à la pierre, au marbre insensible, au bronze même, touché pourtant par le feu transformateur. C'est le moment, rare et puissant, où la matière accepte la plus grande quantité d'émotion, où la statuaire, ignorante divinement, mais inconsciemment sublime, laisse à la forme humaine tout ce qu'elle pourra supporter d'âme dans la moindre beauté, c'est-à-dire d'art dans le moindre métier. Elle devait retourner à sa matière, à son poids, à son silence. Bien vite le Paganisme originel la reprendra toute, et Rome vaincra de nouveau.

Je comprends bien qu'on le regrette ; je ne puis arriver à comprendre qu'on s'en étonne encore. Le brusque arrêt dans l'essor de la sculpture en France, après l'admirable époque ogivale, qui fut en effet un mouvement profondément national, est un résultat logique et fatal, dû aux conditions mêmes de cet art dont le domaine finit où commence le mystère de l'idée, de la couleur, des sons. Le mouvement dit encore « gothique » (malgré ce que ce nom a d'impropre) et issu d'un merveilleux, mais « incontinuable » mysticisme, devait s'éteindre dans la joie recommencée de la Renaissance, s'absorber dans les revanches du trop beau métier, mourir enfin de culture, de raisonnement, et de facilité. Seule, la Peinture allait et devait hériter de cette victoire, étant seule susceptible d'harmonies composées et d'idées complexes. La sculpture est une réalité absolue, la peinture est déjà une transposition. Le groupe du Taureau Farnèse, qu'on voit à Naples, œuvre de l'ultime décadence grecque, et qui est « arrangé » comme un tableau, et tel ouvrage de peinture moderne, qui est « composé » comme une romance, seront au besoin la preuve, après celles que j'ai essayé de donner, que les arts ne peuvent décidément se substituer l'un à l'autre, et qu'ils n'ont de vertu et de logique beauté qu'en gardant leur rôle particulier.

L'art gothique avait fleuri pendant deux cents ans. Le grec avait eu même durée pour la même adolescence, qui va, comme nous l'avons vu, d'Anthénor de Tralles à Phidias. A Reims ou à Bourges, à Chartres, à Amiens ou à Paris, et bien mieux là que dans tout le reste de l'Occident, où se transplantait l'art moderne chassé d'Orient, les naïfs imagiers, qui allaient, de ville en ville, travailler dans les chantiers des cathédrales nouvelles, avaient recommencé, sans s'en douter, l'antique effort, montant patiemment du rêve à la réalité, de l'exquise ignorance au dangereux savoir. Pourtant la nouveauté fut l'apparition, pour la première fois sans doute, de la tristesse et de la bonté dans les expressions de la statuaire. Les Grecs de la décadence, à Rhodes ou à Pergame, avaient bien essayé déjà d'exprimer la douleur physique ou la violence des passions par l'exagération des mouvements ou la grimace des traits. Ce sont là des heures passagères, et inférieures, dans l'idéal antique. Seuls ces chrétiens osèrent imiter dans la pierre sombre la pensive tristesse, douleur et beauté morales, et tentèrent de sculpter la pitié, tout intérieure vertu, mais combien peu sculpturale, et qui sera, sans doute, de musicale beauté. La revendication impérieuse, *mathématique*, des proportions et des réalités, qui est de droit pour les arts de la forme, allait briser le moule fragile où l'idée, avec la foi, entrait toute. Un vieux bas-relief est exhumé ; un curieux, un amoureux s'approche ; et c'est Nicolas de Pise [14] ; et le pensif sculpteur, en rentrant à sa demeure, fera sur la glaise le geste fatidique qui, sans qu'il s'en doute peut-être, va réveiller toute l'antiquité. Le monde continue ; un artiste passe, et un peu d'admiration en fera plus que toutes les révolutions. De ce jour, le grand rêve mystique va finir. La petite fleur grecque de joie et de sérénité poussera à travers les rudes rochers de la prière ; et, au merveilleux parfum qui si longtemps avait enivré les hommes, toute chrétienne mélancolie s'enfuira comme un songe oublié. A la vue des bas-reliefs de la chaire du Baptistère, à Pise, ou de celle de la cathédrale de Sienne, pris comme type de cette transformation, imprévue alors, — mais non pas illogique, si l'on remarque l'étrange analogie avec certains bas-reliefs de l'archaïsme antique, — on pénétrera subitement les sens du brusque revirement de l'art du sculpteur, coïncidant avec le mouvement rationaliste des idées. La raison et la matière ont dit au rêveur : « Tu n'iras pas plus loin, ni dans le livre, ni dans la pierre ! » Et la Renaissance, d'Italie, l'incorrigible païenne, s'imposant à tout l'Occident, recommencera, mais en les pastichant, les belles étapes de l'art grec. Tout au plus, un reste d'émotion chrétienne en modifiera parfois encore le sens et les formes, en les déformant. Et si l'idéal en peut paraître plus élevé, au point de vue psychique, l'apparence formelle en restera longtemps plus incertaine, toujours plus inquiète ; par conséquent plus tourmentée, et de plus en plus contradictoire à la matière en laquelle elle se personnifie. L'art sommeille encore en Italie pendant presque un demi-siècle après la tentative de Nicolas de Pise. A Orvieto, à Sienne, au cœur même de l'Italie, la sculpture grandit lentement, malingre enfant chrétien, tandis que la peinture, d'un bond, atteint à d'étranges nouveautés. Partout ailleurs, on fait encore du « gothique. » Giotto, ami de Dante, et, en quelque sorte, peintre de ses pensées, avait déjà peint les voûtes du mystérieux oratoire élevé sur le tombeau de saint François, à Assise, et il commençait, architecte par les couleurs déjà bien plus que par les formes, le campanile polychrome de Sainte-Marie des Fleurs, qu'on attendait encore à Florence, qui allait devenir le centre du moderne mouvement, quelque progrès significatif en sculpture.

Si l'on pense que peu d'années séparent ce Giotto, penseur en fresques, poète des murailles symboliques, peintre aux gestes si justes, si émus, vraiment occidentaux et définitivement chrétiens, de Donatello, fils lointain, gauche et sincère du grec primitif, et que ce grave et rude Donatello, si heureux et si grand de nobles ignorances, eût pu connaître Michel-Ange, qui le suit et logiquement le continue, combien apparaîtra rapide et fatale la route vers l'abîme où marchait l'antique sculpture ! Michel-Ange ! sublime coupable de toute la décadence, Titan meurtrier des derniers dieux ! L'accidentel et formidable génie, sans père légitime et sans fils possible, faillit étouffer l'art sous l'inquiétude grandiose qu'il promena toute sa vie de Florence à Rome, avec son irascible et majestueuse chasteté ! Qui sait après quelles hésitations le tout-puissant sculpteur se décida à revêtir sa pensée de couleurs, et à peindre sur les voûtes de la Sixtine ces simili-statues qui sont des dieux déchus ? Dans les exagérations surhumaines du Moïse comme dans les architectures impossibles de la Sixtine se devine et se sent, plus que ne s'explique avec des mots, la définitive différenciation des deux arts qui se disputaient l'expression de l'art moderne. Michel-Ange a, sans doute, prouvé, — sans le vouloir, ou plutôt par ordre du Pape, puisqu'on sait qu'il fut, par la volonté de l'impérieux Jules II, obligé de quitter ses ateliers de praticiens à Florence, pour monter, contraint et forcé, sur l'échafaudage des peintres, au Vatican, — que Jehovah ne pouvait être sculpté en beauté autrement que Jupiter. Du jour où il put venir à l'esprit d'un artiste, fût-il le plus grand, de représenter le Christ comme un autre Apollon, l'antinomie fut définitive, et inévitable la rupture entre la sculpture et l'idéal chrétien. Vainement le grand homme usera-t-il sa force et son courage à torturer sous l'effroi biblique des corps de rêve païen, ou à diviniser des Médicis plus spirituels et plus compliqués que des Atrides, ou enfin, dans les années de sa vieillesse exaspérée, à précipiter sans mesure et sans grâce tout l'Olympe dans l'Enfer de Dante, il ne pourra jamais dissiper ni vaincre l'illogisme initial de son immense effort. Michel-Ange est un dieu de la sculpture, mais un dieu tombé. L'idée chrétienne, si tant est qu'elle représente le moderne progrès du monde pensant et agissant, ne fut exprimée complètement en sculpture que par les gothiques ; le Moïse de Michel-Ange, en ce sens, n'est pas un prophète, mais quelque Jupiter égaré. Peut-être ses Sibylles, — *peintes*, celles-là, et déjà porteuses d'une autre pensée, — sont-elles, dans l'effort vers l'au-delà, vers l'abstraction dessinée en humaines formes, des images vraiment nouvelles, réellement *autres*, et comme des vierges terribles de l'avenir, que le philosophique avenir sans doute reconnaîtra.

Michel-Ange mourut en 1564, laissant l'âme latine redevenue païenne… sans les dieux ! On avait pu croire, pendant les heures mâles de son grand labeur, qu'il venait de réformer, pour un essor nouveau, l'art tout entier. En réalité, il l'avait, pour l'Italie du moins, tué de sa main trop forte, et à jamais enseveli dans le mensonge des formes sans âme, du métier sans signification nécessaire. Le sens, uniquement compréhensible aux foules, des idées simples échappait définitivement au marbre et à la pierre, et allait passer tout entier au changeant et subtil véhicule des tons et des harmonies, c'est-à-dire aux « images, » c'est-à-dire à la peinture, histoire coloriée des choses. Après Michel-Ange, c'est une décadence rapide de la sculpture, alors que, à voir la profusion de statues qui naissent dans toutes les villes latines, on pourrait croire que jamais la gloire n'en fut plus persistante, ou plus florissant le métier. Métier en effet, de lucre ou d'habitude, qui s'exerce encore dans tous les ateliers et les boutiques de la pauvre grande Italie, par deux fois pourtant éducatrice du monde ! Depuis le jour où la mort joignit dans le silence les mains du sombre Buonarotti, jusqu'à l'heure présente, si ardemment, peut-être si magnifiquement troublée, quelles grandes œuvres de la statuaire ont donné le sens profond du vrai, l'expression nécessaire de leur temps, à l'égal des ouvrages de la peinture, déesse d'hier, ou de la musique, déesse de demain ? Pendant toute la fin du XIVe siècle, en Italie, et au XVIIe siècle, les artistes « de sensation, » chercheurs d'effets, qui mèneront la sculpture au néant, et plus tard la peinture jusqu'à l'impression, — maximum des maladies nécessaires, — remplacent définitivement les artistes « de tradition. » L'*École* chante encore ; mais elle chante faux… à côté, — à côté du son délicieux des choses, à côté du sentiment vrai des hommes ; et si parfois, à Venise encore, un Sansovino, un Léopardi tournent avec quelque grâce le saint familier d'un bénitier, ou arrange, dans les niches des loggias, de jolies attitudes aux petites déesses ou aux aristocratiques madones, il faut vraiment attendre jusqu'au XVIIIe siècle français la venue charmante d'un Houdon pour nous consoler, comme par la grâce d'un doux geste féminin, des sarabandes pédantes ou folles que dansent sur toutes les églises de Rome, sur toutes les places d'Europe, les saints allègres et accommodants, si saintement gais et très pontificalement ivres, sortis, le poing sur la hanche, des ateliers de Bernin. La mesure du bon goût de France, et peut-être un peu la solennité de la perruque de Louis XIV, avaient épargné en quelque façon, au noble Versailles, la contagion de cette tarentelle sacrée. La belle unité d'art, qui groupa quelque temps autour du Roi peintres, architectes et sculpteurs, fut un temps d'arrêt dans la décadence de la sculpture. Encore les sculpteurs, comme les peintres, consentirent-ils à n'être alors que des « décorateurs » de l'ensemble, leur subordination même faisant leur grandeur certaine, et le charme qui demeure aux monuments complets. Bientôt, l'esprit des Clodion, des Pajou, des Falconet, en souriant, « de peur d'en pleurer » de ces grandes choses déformées ou mourantes, ramena le goût et la passion des délicates figurines. Cela fut, à vrai dire, du « bibelot » souvent, plutôt que de la statuaire, mais combien vivant, parce que semblable aux idées, aux demeures et aux êtres, pétri de tant d'esprit, et de grâce française ! Le meuble, parfois, en ces temps de boudoirs parfumés et d'âmes délicieusement corrompues, a gardé plus d'art enfermé que beaucoup de vaines statues. La secrète vertu des formes, le mystère de la divine sculpture, s'est gardé aux tiroirs de bois de rose des marquises. Sous l'émail précieux des vases et sous la blancheur mate des « biscuits, » on eût retrouvé, en grattant un peu, le sens des tendresses antiques, et comme le « toucher » des coropiastes lointains d'Athènes ou de Myrrhina. Et nous voici, par un merveilleux détour de la perpétuelle histoire du monde, revenus aux « jours du Vase, » prédécesseurs du « Dieu, » en attendant de nouveau « l'Homme. »

Le sentiment raffiné, amoureux, un peu sensuel, du féminin, spécialise la France, comme jadis l'Attique, dans la hiérarchie symbolique des arts. Au XVIIIe siècle, en ce Paris léger, souriant et vainqueur, oublieuse des trop lointaines déesses à la fois et des trop tristes chrétiennes, la femme, de nouveau dévêtue par les artistes, semble vraiment avoir une nudité nouvelle. Car la France, seule alors, connaît encore l'ivoire et le velours des rondes poitrines. La fragile pendule de Falconet a son prototype quelque part en Grèce, sous terre, ou dans la mémoire des hommes. Impudiques, potelées et rieuses, les Grâces antiques se sont faites toutes petites pour entrer dans l'alcôve des duchesses poudrées ; et, blanches comme elles, elles sont en esclavage sous l'heure moderne, et n'en paraissent ni étonnées, ni honteuses. Là, une fois encore, l'esprit, vainqueur de la lettre, a tout sauvé ! Un peu plus tard, mais après quelle secousse des êtres, des idées et des choses, la gloire aussi ressuscitera, pour un jour, l'âme de la pierre. Un chef-d'œuvre presque antique ajoutera à cette histoire presque surhumaine le poids de la matière durable et la splendeur du rythme éternel. Et, pour symboliser la Révolution, promenée parmi les nations étonnées par l'Empereur fatidique, et baptisée du sang de l'Europe, Rude fera jaillir, du bloc de pierre attaché à l'énorme massif de l'Arc de Triomphe, la toute-puissante coureuse, qui hurlera, par-dessus nos plaisirs, nos espérances ou nos ruines, le chant du monde nouveau, la « Marseillaise » échevelée des peuples. Il n'y a pas d'œuvre, entre cette figure et ses sœurs brisées de l'antique Parthénon, assez haute pour les séparer. Ce jour-là, Rude et Phidias se donnèrent la main par-dessus le silence des siècles.

Depuis lors, la gloire et le génie ont quelquefois manqué, ce qui n'a pas empêché les sculpteurs sans nombre de continuer à sculpter sans pitié. Quelles nécropoles d'inutiles blancheurs il nous faut traverser, d'exposition en exposition, pour rencontrer quelques « œuvres, » pour toucher des êtres ! Que d'efforts sans but, que de métier sans art ! Où sont les ouvriers ? où sont les artistes ? Du moins aux plus sincères, aux plus grands, — il y en a encore, — je demande ici quelles sont leur volonté et leur foi dans l'effort contemporain, et la raison d'être de cet effort même, et sa signification morale dans le milieu social qu'ils habitent, et reflètent ? Car, enfin, la loi de croissance, en esprit et en vérité, pour l'art comme pour les individus, est toujours la même : à la foi religieuse, ardente et créatrice, correspondent les périodes d'art sincère et touchant, à formes hiératiques, à timide et naïf métier. Puis la raison se dégage des formules mystiques, l'esprit « se fait homme, » et librement proclame son Dieu, le regarde en face, et sculpte, peint ou chante les héros. C'est l'heure unique, de sagesse merveilleusement saturée d'idéal, où passent les Myron et les Phidias, les Donatello et les Michel-Ange, et plus tard, dans une autre incarnation de l'esprit sur le monde, les Mozart et les Beethoven. De la grâce féconde qui demeure, comme un parfum, après leur passage, naissent les artistes plus instruits, — trop instruits, — des raisons et des formules, les chanteurs tendres, passionnés et las, qui ferment le divin cortège. Car, sans l'amour qui est aveugle, et sans la foi, qui est le contraire de la raison, on refera de la science, peut-être de la vérité, mais non point d'art.

Et voici tout le problème nouveau : sculpteurs, pétrisseurs de matière, pauvres païens égarés au moderne jardin, qu'allez-vous faire maintenant de cet art blanc, immobile et pur, si beau avant nos doutes, si muet devant nos interrogations, si triste sous notre ciel gris ?... Que raconterez-vous demain à ce peuple inquiet, qui regarde à peine et se hâte, vous qui touchez encore de vos doigts émus la terre sacrée, vous qui voudriez mouiller de vos larmes l'insensible pierre, vous qui interrogez en vain le feu symbolique des « fontes » éblouissantes ? Que direz-vous à ce passant toujours plus incertain, douloureux et vain, sinon quelque « réplique » moins sincère ou plus triste du grand rêve antique, qu'il ne comprendra plus ?... Car l'humanité marche, entend et voit, depuis le jour où le légendaire Dédale « ouvrit les yeux, délia les bras et les jambes de l'antique Xoanon. » L'homme nu qu'osa faire vivre, à la face du ciel, un Myron, un Phidias ou un Polyclète, a traversé le monde d'Orient en Occident ; il a vu mourir Athènes et Rome, et naître

Jésus. Et maintenant il pleure, il écoute, et il songe. Le pourrez-vous suivre, et comprendre, — et sculpter, — jusqu'en ce rêve ?

II

Et d'abord la matière, le pays et le temps vous y aideront-ils ? Comme nous l'avons vu pour l'architecture [15], un art est toujours le produit logique de l'endroit et du temps, c'est-à-dire de la contrée où il naît et de l'époque où il se développe : les matériaux du sol lui donnent sa figure ; le peuple du lieu lui donne son sens. Et cela est plus vrai encore de la sculpture, s'il est certain que sa beauté, toujours tangible, doit son mystère à la seule qualité de la matière où l'a fixée la main de l'homme. En Egypte, c'est la matière dure, — calcaire, granit ou diorite, — qui donne au « double, » que nous avons vu chargé d'accompagner la momie jusqu'au seuil de l'éternité, sa presque éternelle résistance. Le bois même, dans lequel sont taillées les statuettes du musée de Boulaq, devait durcir progressivement dans la sécheresse et l'obscurité des tombes, sous le sable du désert, où les enfermait la superstitieuse confiance de tout un peuple en l'inviolabilité, qu'on espérait éternelle, des muets hypogées. A Athènes, sous le soleil d'un climat transparent et d'une lumineuse religion, le marbre devient vite indispensable à exprimer la jeune beauté des dieux. Les Iles bleues, voisines de l'Asie, qui ont des carrières de marbre, les premières ont aussi de bons sculpteurs. Aussitôt qu'est devenue savante la main des ouvriers, le tuf ou le bois, plus faciles à tailler, sont abandonnés. Et qui sait si le providentiel hasard, qui fait les races belles et les nations artistes, ne choisit pas précisément, pour donner l'expression suprême des beautés techniques, celles-là seules dont le sol tient la plus pure matière et la plus saturable d'idéal rêvé ? Du froid et gris diorite, du basalte rude et triste de Memphis, naquirent logiquement les dieux muets et impassibles de la hiératique Egypte ; du marbre enfin, chair brillante et virginale, sortit l'homme vivant, heureux et beau, que seule comprit et divinisa la Grèce. Même, après l'avoir peint pendant près de deux siècles, ou rehaussé de bariolages polychromes, — goût barbare encore dont le charme nous est mal compréhensible, ou faute peut-être contre une plus pure esthétique pendant toute l'époque d'archaïsme, c'est-à-dire d'enfance, — au grand siècle de Périclès, cet usage est abandonné pour les statues les plus nobles, et, quand on n'a pas recours aux procédés de la statuaire chryséléphantine, que Phidias fut sans doute le dernier à employer, le marbre, laissé enfin dans sa blancheur originelle, apparaît comme la splendeur sacrée du nu. Un jour, après des siècles de sociales et religieuses transformations, la pierre seule, la pierre humble, friable et triste, sera la matière nécessaire à l'idéal nouveau, parce que seule elle pourra recevoir et garder la plus sensible empreinte du rêve impossible et touchant des gothiques. Et voici que, par un logique retour au sens de la beauté profane et charnelle de l'être, il faudra une toute païenne « renaissance » pour ressusciter le marbre et rendre au bronze son symbolique triomphe.

Si le granit fut égyptien, le marbre fut grec, et le bronze sera florentin : les trois matières spécifieront et expliqueront les trois époques. A Florence, la flamme, rallumée par l'âme moderne à l'idée antique, donnera de nouveau au bronze sa grâce forte, et sa signification esthétique, morale et sociale. Les orfèvres, au XVe siècle, seront les ouvriers inconscients de la transformation politique et intellectuelle, en même temps que les pères de tout l'art moderne. Les progrès de la balistique, qui aboutiront à la constitution de la guerre moderne, et l'étude scientifique des actions du feu, qui sera tout simplement l'origine de la chimie, sont des dérivés de l'ardent travail quotidien des modestes orfèvres de Florence. A vrai dire, les Grecs de la belle époque aimèrent à travailler le bronze, et les premiers éléments de la science des « toreuticiens » leur venaient d'une lointaine tradition orientale, mal connue d'eux-mêmes, et tout imprégnée des secrets anciennement apportés en Argolide par des fils de Chaldée, initiés au culte de Baal. L'Ecole d'Argos, avant la venue de Phidias, avait été un centre d'étonnante activité artistique. Faut-il voir, dans le très ancien et habile usage qu'on avait d'y travailler les métaux au feu, la suite d'une longue tradition, trois fois interrompue, mais jamais entièrement oubliée à travers douze ou quinze siècles, et reprise toujours, en quelque sorte par-dessus les influences importées d'Egypte ou d'Assyrie, par une sorte d'atavisme obscur, aux « batteurs d'or » légendaires, aux rudes orfèvres achéens, qui travaillaient à Mycènes bien avant les époques historiques et les chants épiques, — à Mycènes, « la ville aux choses d'or » comme l'appellera Homère quatre ou cinq siècles au moins plus tard, — et façonnaient les masques étranges qu'on mettait, comme un baiser suprême, sur les visages des héros morts [16] ? A Sicyone aussi, dont Pline dit qu'elle fut « la principale officine pour tous les arts des métaux, » se perpétueront très longtemps, pendant et après le VIe siècle, les méthodes apportées de Crète par les très anciens maîtres Dipoinos et Skyllis. A Samos, vers la XLe olympiade, le vieux Rhœcos et son fils Theodoros inventent la fonte en forme, c'est-à-dire l'art de couler le bronze autour d'un noyau d'argile [17]. Glaucos de Chio, auteur du cratère dédié à Delphes par le roi lydien Alyatte, trouve à son tour le secret de la soudure. Et l'intervention sacrée du feu détermine ainsi et complète l'essai de l'homme. La sculpture en bronze était trouvée ; et il semblait que les lois en fussent à jamais déterminées par le merveilleux génie des Grecs. Pourtant, de longues interruptions, et ces inexplicables « oublis de l'homme, » allaient briser la tradition d'art et laisser perdre le métier au point qu'un Donatello ou qu'un Verocchio, deux mille ans plus tard, devaient en retrouver le secret, de toutes pièces, réinventeurs de génie, dont le génie même, tout d'intuition, semble parfois le souvenir mystérieux d'une vie antérieure, d'une idée déjà « faite homme. » De fait, quand Donatello, en 1443, osa de nouveau jeter au moule la fonte incandescente d'où allait sortir la grande statue équestre du Gattamelata, il sembla, devant l'Italie émerveillée, rénover toute la sculpture. C'était, en effet, la plus grande pièce fondue depuis l'antiquité ; mais, à Rome pourtant, le bon Marc-Aurèle, sur son gros cheval rond de bronze vert aux traces d'or usé, n'était pas, depuis douze siècles, descendu de son piédestal, en la Ville éternelle ! Entre l'œuvre molle et facile, par je ne sais quel hasard respectée, de l'ultime décadence romaine, et la fière statue, première-née de l'art moderne, la filiation s'établit, comme s'est faite la vague ressemblance, par le *métier*, l'obscur métier, servilement gardé, à travers tout le moyen âge, malgré les morts des successifs ouvriers, malgré les décadences, ces morts de l'idée, par les orfèvres inconnus rabaissés aux plus usuels travaux, par les anonymes serruriers des huis et des armes, gardiens jaloux du métal. Mais les grands chefs-d'œuvre du bronze, tôt ou tard, seront fondus. Le métal doit périr par la flamme et retourner au feu dont il est issu. Par le marbre seul vivra du moins, pour les âges futurs, la splendide antiquité. Et, dans l'ordre artistique, la *couleur* sera l'unique résumé, — on pourrait dire « le résidu, » — de la Renaissance, comme le *son*, harmonie des choses, bruit supériorisé par l'esprit, le sera du monde prochain. Car, plus l'art se spiritualise, ou, si l'on préfère, tend à extérioriser des idées supérieures, et, pour cela, de simple devient sensible, plus le métier se fait subtil, et fragile la matière. Le précieux travail du verre, par exemple, exprime des choses que ne saurait dire la poterie ; mais le verre se brise aussi vite que s'enfuit la pensée ! L'imprimerie donne aux minuscules caractères, aux mots fugitifs, à l'inconsistant papier, une puissance intellectuelle immédiate, mais que tout détruit. Et si l'imprimerie a remplacé l'architecture pour raconter l'histoire des hommes, si « ceci a tué cela, » quel art parlera aux générations prochaines, plus savantes, plus sensibles ou plus inquiètes, quand il faudra parler plus haut, ou plus vite que la calme et froide sculpture ?

L'harmonie antique fut exprimée complètement par tous les métiers du ciseau. Avait-elle déjà besoin de la peinture ? Et la peinture, de fait, pendant toute l'antiquité, resta à l'état d'art secondaire, d'abord prisonnière de l'architecture, puis esclave de la statuaire, dont elle coloriait les faces et les vêtements, ou dont elle reproduisait les formes et jusqu'à l'aspect, sans nul sentiment de l'ambiance ou de l'atmosphère [18]. L'harmonie, au fond chrétienne, des âges que nous finissons, sera suffisamment exprimée par tous les métiers du pinceau, depuis la fresque jusqu'au paysage, depuis le vitrail jusqu'au tissu. A-t-elle encore besoin de l'antique sculpture ?

J'ai cherché à expliquer historiquement la transition, — ou la rupture, — telle qu'elle se fit au XVe siècle ; j'imagine qu'elle est compréhensible, et comme *visible*, dans le métier même, en ce « Cinquecento » italien, où tous les orfèvres, ayant appris la peinture conjointement avec les arts du métal, les plus grands firent leurs plus fines œuvres ou leurs plus significatives avec « de la couleur, » de l'indispensable couleur, désormais « libérée de la statue. » L'exemple de Verocchio à Venise et de Quentin Matsys à Anvers me semble décisif. Michel-Ange, ai-je osé dire, hésita toute sa vie entre les deux routes vers l'expression souveraine de l'art moderne : le *métier* du Penseroso ou de l'Adonis blessé est peut-être aussi beau que celui des Charités ou de l'Ilissus ; l'art en est plus incertain, et comme déjà *transposé*. La vraie signification moderne qu'il apportait, la grande traduction en art du geste biblique, est seulement aux voûtes de la Sixtine, enfin déterminé et visible en ce métier de la « fresque » où il faut encore entailler dans le mur la surface précise qui doit chaque jour être remplie du ciment coloré. Ainsi le sculpteur insensiblement devenait peintre, parce que logiquement arrivaient à la peinture le sens complet des nécessaires expressions et la suprématie du jour, qui échappaient à la sculpture, désormais impuissante à rendre la complexité des nouvelles sensations. Et, au jour où nous sommes, on peut hardiment poser la question : aux monuments nouveaux, dans l'Europe, telle qu'elle est actuellement constituée au point de vue ethnique, politique et social, — et dès à présent on ne saurait, dans nulle étude sur les idées, négliger cette Amérique nouvelle, pays neuf et race commençante, race commerçante surtout, sans passé, mais d'un immense avenir, encore qu'on ne puisse guère prévoir à quel moment s'y pourrait placer la période artistique qui illustra les vieilles civilisations, — aux monuments nouveaux, faut-il des statues, et lesquelles ? Si l'on ne peut prouver qu'elles sont nécessaires, et si l'on dit qu'elles y sont seulement de luxe ou de plaisir, je réponds que la sculpture y est morte ou en mourra. Les preuves ne sont que trop nombreuses et certaines d'une pareille affirmation, si l'on récapitule toutes les raisons de désir, de besoin et de joie, — c'est-à-dire de vérité profonde, — qui peuplèrent de statues les forums antiques, ou les chrétiennes cathédrales, et si l'on songe pourquoi elles plurent et devaient plaire au peuple, j'entends à cette âme des foules confusément éparse et murmurante sous les pas des prêtres en la lointaine Egypte ou en notre moyen âge, plus affinée et curieuse sous la main des grands à Rome ou à la Renaissance, plus libre enfin et plus humaine et haute, et comme « visible, » en cette unique Athènes. Qu'on pèse, après cela, toutes les raisons d'indifférence, de sottise ou de lassitude de nos races tout occupées de négoce rapace, de bien-être hâtif, et d'inutile bruit, devant l'immobile blancheur des statues et le fier silence des pierres, ou que l'on compare à l'immense effort de la science l'inutile beauté, et l'on aura le sentiment attristé, comme la sensation rapide, que la sculpture, demain, ne sera plus comprise du passant affairé et sans amour, comme une fois déjà dans le monde, quand Rome, sans qu'on s'en aperçût encore, commençait à déchoir...

L'adolescence superbe de la sculpture fut aux jours merveilleux de l'antique histoire, où elle se sépara définitivement de la peinture. Nous en voyons aujourd'hui la trop habile vieillesse, amenée par toutes les fautes d'Italie. Trop d'esprit ! Cela est mauvais pour tous les arts, pour tous les artistes, et combien plus dangereux encore pour cette honnête et calme sculpture ! Toutes les adresses, toutes les conventions, tous les « trucs, » — clair-obscur, raccourcis, atmosphère, draperies ingénieuses et nuages légers, modelés subtils ajoutés aux finesses des tons, — tous ces charmants mensonges, enfin, du peintre, et du meilleur ! sont matériellement interdits à ce rude et probe ouvrier qui, vêtu de sa blouse blanche, et armé de l'impitoyable compas, tourne autour de sa statue et la mesure et la juge et l'aime de toutes parts, et qui, touchant la réalité sans cesse, équilibrant les poids méthodiquement, mesurant en quelque sorte la vérité, n'est qu'un faiseur d'hommes et non un transmetteur d'idées. Je ne conçois pas, — à mon grand regret, — une sculpture « impressionniste ; » la matière, la forme et l'histoire s'y sont toujours opposées, et s'y opposeront toujours. Et je vois, sans trop le regretter même, une peinture d' « impression, » et j'écoute une musique de « sensation. » Là est bien la différenciation essentielle entre ces formes distinctes et successives de l'art. La sculpture enfin ne doit, ne peut être qu'un art de réalité absolue, suggérant des émotions par son silence même, dégageant de la vie de son immobilité statique. Mauvaises, en ce sens, sont les conditions de « réceptivité » de la pierre, ou du marbre, ou du bronze, pour le plus sensible, pour le maladif désir de l'artiste moderne, reflet involontaire d'une société troublée, en perpétuelle transformation et en gestation scientifique et sociale. On m'objectera que la statuaire contemporaine est plus savante que jamais. J'y consens. Mais est-elle vivante et signifiante ? Est-elle uniquement expressive de son temps ? Est-elle, dis-je, vivante ou seulement apprise ? de tradition ou d'émotion ? De sincérité profonde ou de changeante curiosité ? Elle m'apparaît, sous l'extrême diversité des talens (dont, à si peu de recul, il est vrai, nous voyons mal le lien commun) et parmi l'incohérence des efforts opposés et des écoles adverses, enfermée toute dans des attitudes, plus prisonnière que jamais du *métier*, exprimant enfin de beaux souvenirs plutôt que des désirs nouveaux. Elle décore, avec une fort spirituelle banalité, de hâtifs monuments ou de paradoxales architectures, qui ne sont que des amalgames de tous les styles, quand elles ne sont pas des assemblages de contradictoires proportions. Contrainte, à son tour, de déshabiller des hommes, — ou des idées, — qui n'aiment plus à être nus, elle fait des mannequins et non des êtres ; elle érige des costumes, et non plus des symboles. Qu'a produit, je le demande, de si beau, l'art public moderne, ou seulement érigé, sur les places neuves des vieilles villes étonnées, la *statuomanie* incohérente qui règne en France et en Italie ? Au succès des armes, en Allemagne, au triomphe de l'argent, en Angleterre, quels monuments ont élevés les sculpteurs qui ne soient incertains, disproportionnés et *sans époque*, et que ne semblent pas même avoir magnifié jusqu'à la vie certaine des choses les puissants mobiles, gloire et commerce, noblesse et force, qui les ont occasionnés ? Pourquoi ?... Est-ce la faute du temps et des artistes ? Ou n'est-ce pas plutôt la faute du désaccord toujours croissant de la matière et de l'art avec le temps ? Sans doute, nous sommes à une de ces époques de transition, lasses et nobles encore, où l'artiste trop instruit, charmé de tout, et comme hanté de leçons et de souvenirs, hésite ou s'oublie aux trop belles redites ; où l'homme moral, qui vit sous l'instinctif artiste, se cherche, incertain s'il doit s'affirmer à la raison ou se consoler à la foi. Il est certain aussi que l'extraordinaire essor de l'esprit scientifique en ces cinquante dernières années, et l'universel triomphe d'idées, qui n'ont, en fin de compte, rien de commun avec l'idéal passionnel et intuitif, — au fond très primitif, — du véritable artiste, ont quelque peu bouleversé le beau chemin où nous allions, peintres, sculpteurs, musiciens de la forme, grands rêveurs et grands enfants. La vie est plus curieuse et moins sincère, plus compliquée surtout. Et cet « état d'âme » fait des générations pressées, sceptiques et égoïstes, plutôt tristes au fond, que la musique berce, que la peinture distrait, que la sculpture ennuie. Vainement, au milieu du XIXe siècle, quelques hommes du plus personnel effort, autour de Rude, tentent un art plus vrai et plus humain, au sortir de l'affreuse parodie romaine qu'avaient vue passer les années de l'Empire. Car je ne m'imagine pas qu'on puisse jamais ressusciter à la vie « sculpturale, » à la joie de la belle matière, les effigies mortes et les pédantes « littératures » que sculptaient des Canova et des Thorwaldsen. Emportés à leur tour dans le coup de vent romantique, des hommes comme les David d'Angers, les Giraud passèrent, rouvrant du moins la voie à l'antique esprit du marbre et de la pierre. Et j'omets à dessein les autres pays que la France à cette époque, — le sculpteur, en vérité, n'y existe pas ou n'y existe plus ! — A Paris, tout l'intérêt artistique est autour de la belle dispute d'Ingres et de Delacroix ; le vent de l'esprit, qui « souffle où il lui plaît, » arrive, au moment où on s'y attend le moins, des bois voisins, des bois frais et tremblants, où sourit et peint le « père Corot… » Carpeaux seul demeure, d'une époque élégante et riche, où la société aimable, corrompue et déjà cosmopolite de la cour de Napoléon III raille, le trouvant trop rude et trop grossier, le fier ouvrier qui pétrit avec fièvre des filles nues au fronton du Pavillon de Flore, et fait tourner des sarabandes de belle chair à la façade de l'Opéra, au grand étonnement des Muses académiques et sages, leurs voisines. Celui-là fut encore vraiment un sculpteur, en son amour du mouvement, en son puissant « doigté » de la matière. Combien d'autres alors et depuis ne sont que des professeurs qui se répètent ou des peintres qui s'ignorent !

L'erreur initiale avait commencé à Florence, dès le XIVe siècle, avec Ghiberti, dont les célèbres bas-reliefs — pour les portes du Baptistère, que Michel-Ange, comme on sait, appelait les portes du Paradis, sans doute pour l'entrée… des peintres ! — ne sont, avec leurs plans étagés et leurs perspectives de paysagistes, que… des tableaux sans couleurs. C'est l'antinomie inverse, — aussi grave d'ailleurs, — et le contraire de l'art polychrome, de la trop complète sculpture des premiers Grecs. Peut-être l'art, comme la divinité d'où il vient, n'a-t-il son sens le plus haut et son plus pur mystère que lorsqu'il laisse quelque chose à deviner, — à croire, — à l'admirateur passionné, au pèlerin de beauté qui passe. Et voilà, du même coup, l'explication, sans doute, du charme étrange, du charme intangible et certain qui semble attaché aux statues brisées, aux œuvres inachevées, aux êtres souffrants. Quoi qu'il en soit, la faute charmante, venue d'Italie, s'est prolongée à travers toute la Renaissance, en passant par Versailles, jusqu'à nos jours. Ce ne sont partout que statues « à l'effet, » bas-reliefs avec de belles « taches, » bustes aux « noirs » heureux et malins. Tous ces sculpteurs ne sont décidément que des peintres… comme demain tous ces peintres ne seront que des musiciens ! Le beau buste de Rotrou

par Caffieri [19], par exemple, et même le merveilleux « Voltaire »
de Houdon, presque trop spirituelle statue de l'Esprit, et cent
autres œuvres typiques du joli XVIIIE siècle, demi-français, demi-
italien, tout cela n'est que de la peinture en marbre. Et, aujourd'hui
enfin, je vois bien les « Ecoles » se battre furieusement... J'entends
surtout que l' « Ecole » proteste, avec une inutile sagesse, contre de
trop adroites ignorances ou des incohérences trop vantées, encore
que les dangers d'une certaine manière, de cet *italianisme* qui
a déjà à demi perdu toutes les écoles autres que la française, et
qui est comme la calligraphie de la sculpture, menacent plus
immédiatement les plus savants et les plus traditionnels, ceux que
la « peinture » ne sauvera pas. Mais les autres, les « peintres, » —
qu'ils me pardonnent l'injure ! — de la sculpture contemporaine,
ne sont-ils pas, à cette heure, les plus curieux, les plus significatifs,
peut-être les plus intéressants, s'il est vrai que notre école se doive
un jour reconnaître à un excessif amour de l'effet, du mouvement
et de l'indiscipline, ce qui n'est nullement architectural, sculptural
très peu, et, au contraire, assez « peintre ? » Aussi bien tous ceux
dont les œuvres resteront, de notre époque à la fois incohérente
et féconde, auront dit sans doute notre incertitude plutôt que nos
convictions, et cette lièvre étrange de désir et de regret, d'imitation
et de liberté, de grandeur et de décadence ;... comme un Dalou,
petit-fils républicain de Coysevox, énergique artisan de pensées, fier
pétrisseur de formes souples et chaudes ;... comme un Falguière,
puissant « praticien » de la rude tradition, qui sentit vraiment la vie
naître parfois sous ses doigts, et qui passera la flamme, l'ayant reçue,
par droit d'amour et d'hérédité, de Carpeaux et de Rude, aux larges,
et violentes, et imprudentes mains, d'où sortiront les « Bourgeois
de Calais » et... la guerre, l'heureuse et vivifiante guerre qui seule
peut-être ressuscitera les Arts qu'on disait mourants ! La glaise en
sera terrorisée... et les « bourgeois, » et la raison trop souvent ! Et
si l'orgueil même d'une gestation étrangement forte, et si la vanité
du dangereux encens des « critiques, » voilent parfois à nos bonnes
volontés la sincérité du superbe effort, qu'importe encore, pourvu
qu'un frisson semblable à la vie ait de nouveau traversé le bronze
et animé la pierre ?...

Mais qu'on y réfléchisse : la sculpture vient, là, de toucher le fond !
La grande leçon antique, reparue un moment autour des cathédrales

comme un fantôme de l'ancienne beauté, la leçon unique de vérité et d'humanité, est visible encore sous les apparences déformées par la passion. Le moule usé, profané, craquant de toutes parts, donne encore des formes étrangement belles, mutilées et douloureuses. La douleur ! c'est donc bien la limite, et, pour la sculpture, le terme infranchissable : la douleur physique aux temps antiques, la douleur morale aux jours modernes. Où Myron et Scopas hésitèrent, ou les grands anonymes des cathédrales s'usèrent en vain, où Michel-Ange échoua, qui pourra tenter encore l'impossible effort ?

Par un soir rose d'automne, un peu triste et doux, à l'heure où les brumes et les fumées qui montent de la grande cité, là-bas murmurante, gagnent la houle grise des arbres et des tombes, allez au grand cimetière parisien ; allez au Père-Lachaise ; et gravissez, si vous voulez connaître un moment la probable impression des choses et des aspects antiques, et, comme en une passagère évocation, voir, en esprit et en mémoire, la blanche eurythmie sculptée qu'aimaient les Grecs à l'entrée de leurs villes, gravissez la large allée, bordée de chapelles et de statues, qu'arrête maintenant, en haut de la pente de gazon, comme une barrière de formes et d'idées, l'immense haut relief du « Monument aux Morts. » La disposition et l'harmonie des lignes, et la proportion des groupes, et la volonté paisible et simple des courbes et des lumières, ont bien l'aspect sacré et lointain, qu'on voit en rêve, des avenues de Thèbes ou des voies d'Eleusis. Il y a pourtant quelque chose de moins et quelque chose de plus, — quelque chose « d'autre » enfin, en ce nouveau témoignage de l'homme qui pense en formes qui demeurent. Et c'est la rencontre, si nouvelle en effet et si troublante, presque musicale en ce lieu très doux de larmes et de prières, de l'antique forme nue avec la pensive inquiétude des modernes, qui donne ici un sens incertain et délicieux, et qu'on n'avait pas encore « entendu, » à la muette sculpture. L'ordonnance, symétrique jusque dans le désordre des attitudes, et comme longtemps raisonnée, des masses et des silhouettes, alliée à l'extrême simplification des plans, l'harmonie supérieure, dédaigneuse des grâces de détails, et la douce inclinaison des êtres sous le joug d'une idée attendrie, et jusqu'aux défaillances émues du « métier, » incertain et loyal, unissent en une fraternité profonde, devant notre admiration, cette grande œuvre calme et triste aux larges fresques harmoniques de

Puvis de Chavannes, comme elle isolées et semblables à des chants d'un autre âge, au milieu du flot bruyant de l'art moderne. Les deux œuvres et les deux pensées sont de la même famille « lyrique. » Le haut relief de Bartholomé est encore, — métier, inspiration et volonté, faiblesses et forces, — par la poésie, et par les gestes, de la peinture. Les « fresques » de Puvis sont déjà, par l'harmonie et par les fautes mêmes, de la musique. Est-ce à dire que le « Monument aux Morts » soit l'œuvre la meilleure, parce qu'elle est la plus pensée, de ces ! vingt-cinq dernières années de sculpture française ? Il y en a eu de plus fortes sans doute, de plus savantes souvent, il n'y en a pas eu de plus significatives, de plus loyalement expressives de ce que ce temps cherche, et de ce que vaut notre âme actuelle. Mais est-ce seulement, comme aussi les peintures d'un Puvis, l'œuvre d'un passant supérieur à la fois et incertain de la forme définitive que doit prendre sa pensée, le rêve sculpté ou peint d'un penseur attardé à la réflexion plus qu'au savoir, la prière enfin, la vague prière à « l'inconnu » d'une haute et tendre conscience, illuminée par un pur chagrin ? Ou bien y peut-on voir et désirer, à l'heure où « les dieux s'en vont, » la pénétration, possible encore, des arts plastiques par une plus subtile et « doutante » et douloureuse philosophie ? Mais encore, et si même cela était possible à cette heure, que va-t-il rester à dire, à penser en formes blanches ou en bronze sonore, au prochain sculpteur, au génie de demain ? Est-ce le christianisme qui lui dictera son verbe, et son rythme, et sa forme, le christianisme qui s'endort, si doucement ? Est-ce la Raison, qui s'éveille si mal ? Est-ce l'indifférence philosophique, — doute, négation et laideur, — si incorporelle, si « insculpturale ? » Et quels « modèles » encore aura-t-il ? Quels êtres trouvera-t-il à dévêtir, à toucher, à diviniser enfin, par l'ébauchoir et le ciseau, dans ces races mal habillées, mal chaussées, et mal élevées ? Quelles proportions de grâce et quelles chairs de force, parmi ce peuple abâtardi par l'usine, courbé sous la machine, abruti par l'alcool, parmi cette jeunesse sans palestre et sans joie ? Des hommes anémiés, déformés et laids, dont la nudité se cache par une pudeur qui ressemble au vice ; des femmes maladives et tristes, au charme inquiétant et aux malsaines caresses, dont l'affreux corset a plissé le ventre, et écrasé les seins comme des fruits trop mûrs ! Honteux de les déshabiller encore, pour n'en plus voir que la maigre indécence et l'impudicité mal faite et mal lavée ; triste de copier, comme en cachette, des réalités que la foule ne comprend plus, ne les voyant plus ; inconsolable, enfin, de ne plus concevoir même la splendide impudeur antique ni le sens fécond et sain de la chair, — « argile idéale, ô merveille ; » — le sculpteur, sans modèle et sans but, puisque la femme lui manque et que les dieux l'ennuient, le pauvre sculpteur, « qui sent ses mains dans ses yeux, » comme me disait un soir, au bal, avec un geste pittoresque et pompeux à la fois, Barbey d'Aurevilly, continuera-t-il indéfiniment à « faire du nu » de convention et de routine, n'en pouvant plus voir, ni faire, d'amour et de nécessité ?

Si, dans la vie, on « ne fait bien que ce qu'on aime, » en art, on ne comprend bien, artiste ou public, que ce qu'on adore ; l'artiste d'un peu plus près chaque jour, le public… De plus loin. Et le peuple ne voit plus guère dans « le nu » qu'un facile prétexte au sourire et à la grivoiserie,… tandis que, pour l'artiste véritable, le « déshabillé » est la caricature coupable du « nu » divin. L'impudicité ne commence qu'où cesse l'admiration. En sculpture, le vêtement n'est que l'hypocrisie de l'art. En vérité, je crains que la nouvelle atmosphère de nos villes et de nos idées ne soit mortelle à la belle sculpture. Le vêtement moderne est l'ennemi. Aux climats plus froids, aux civilisations trop vêtues, aux âmes trop sensibilisées, pas de charnelle vision, pas de tangible beauté, pas de logique statuaire ! Aussi bien pas de *matière* qui résiste à la gelée, aux pluies, à l'indifférence dont meurent les nymphes et les hamadryades… et les rêves ! Le monde va « ailleurs… », aux chiffres et non plus aux formes. La démocratie, à défaut de dieux ou d'athlètes, *statufie* ses hommes, qui sont intègres quelquefois, et qui sont laids toujours ! La République abuse des piédestaux ; mais elle manque vraiment de déesses. Oh ! les redingotes en marbre blanc, et les pantalons de bronze ! La démocratie, dont le triste et uniforme habit moderne est peut-être la seule vraie égalité, la démocratie ne supporte pas, ne comporte pas la Beauté ! Gambetta, dont l'âme fut puissante et le ventre gros, dont la redingote était si laide et si grand l'accueil, Gambetta n'est pas « sculptural, » décidément. Et Ajax, fils de Télamon, l'était ; et Persée, vainqueur de la Gorgone, et Praxidamos d'Egine, et Rhexibios TOpuntien, triomphateurs aux jeux olympiques, en l'olympiade LXI !

Voici la loi, sans nul doute : tout art qui a donné un jour son maximum d'énergie et de vérité en l'expression d'une idée, d'un amour ou d'une religion, — ce qui, pour nous, artistes, est la même chose, — en la synthèse esthétique d'une race, ne retrouvera plus, en d'autres temps, chez d'autres peuples, ces « jours de beauté » ni ces sommets d'expression. Et la sculpture, qui fut la suprême expression antique, le plus haut et le plus pur témoignage de l'humanité païenne, a trouvé son but, mais aussi sa limite, là où l'homme cherche à dégager sa pensée de la réalité absolue, par le rythme, par la couleur, par le son.

Déjà le chemin des pensifs artistes a conduit l'effort de la force à la douleur, de la beauté à la pitié, — « de la terre jusqu'à l'homme. » Et le droit, avec la logique puissance sur les âmes, avec l'action sur le temps, par le consentement du peuple, a passé de la sculpture, dont le sens échappe peu à peu, à ce peuple, à la peinture qui, seule, en sa plus souple et plus sensible réalisation du « vrai, » en son expression plus complexe, plus conventionnelle, et comme déjà transposée, de la nature, pourra essayer à son tour, avant l'harmonie complète, avant la définitive musique, de traduire le rêve nouveau, de *peindre* ce qu'on ne pouvait plus *construire*, c'est-à-dire de préciser, à travers l'éclat fragile et merveilleux des tons, l'idéal du penseur plus grand chaque jour, s'il est plus douloureux, de l'artiste inquiet dont l'âme, façonnée un jour au grand songe chrétien, mais prise au vertige fatal du moderne doute, cherche encore dans la vie la « couleur » divine de l'idée !

Notes

1.   Voyez la Revue du 15 mai 1898.

2.   On sait que les grossières poteries, trouvées à Santorin, dans l'île de Théra, sous la pouzzolane, par conséquent antérieures à l'effondrement de l'île, comptent parmi les plus anciens monuments de la civilisation dans les pays helléniques, et peuvent remonter à dix-huit ou vingt siècles avant notre ère (Collignon).

3.   Voyez la Revue du 15 mai 1898.

4.   Diodore de Sicile dit encore des « ξοανα » : « Elles avaient les yeux clos, les bras pendants et collés aux flancs. »

5.   Homolle.

6.   Conservés à Munich.

7.   Plutarque Vie de Périclès.

8.   Un siècle plus tard, cette industrie toute spéciale, qui fut si connue et si féconde, dans toute l'antiquité grecque, se transporta en Asie Mineure, et les nécropoles de Myrrhina, en Éolide, ont livré le plus fin trésor qui soit, de figurines alertes, ingénieuses imitations des grandes statues alors célèbres.

9.   Ce sont les sculptures qui décoraient l'autel gigantesque consacra à Zeus et à Athena par le roi Euménis II (197-159 av. J.-C.) (Collignon), en souvenir de ses victoires sur les Gaules, peuplade gauloise établie en Asie Mineure.

10.   Groupe sculpté par Athenodoros et Agesandras, sans doute au temps d'Auguste.

11.   Réplique, romaine sans doute, d'une célèbre statue de Lysippe, et qui fut longtemps considérée comme le type parfait de l'art antique.

12.   Vers 450.

13.   Voyez la Revue du 15 mai 1898.

14.   En 1260.

15.   Voir la Revue du 15 mai 1898.

16.   Schliemann a retrouvé dans les tombes de Mycènes plusieurs de ces masques d'or fin, figurant grossièrement les faces des guerriers mycéniens : ils sont au Musée d'Athènes. Ils peuvent remonter à 15 ou 16 siècles avant notre ère.

17.   Collignon.

18.   La peinture antique, telle que nous la connaissons, tient encore de la sculpture, par le dessin déterminé en lignes, et par les plans. Ce sont toujours des sortes de bas-reliefs, à peine coloriés et comme aplatis à la forme des murailles. Voir Pompéi et Rome.

19.   Au foyer de la Comédie-Française.

ISBN : 978-1723510052

www.ingramcontent.com/pod-product-compliance
Lightning Source LLC
Chambersburg PA
CBHW051321220526
45468CB00004B/1444